小巨人腾飞

中国专精特新企业深圳样板

孙利　段亚兵／著

人民出版社

责任编辑：杨美艳
封面设计：姚　菲
版式设计：王　婷

图书在版编目（CIP）数据

小巨人腾飞 ： 中国专精特新企业深圳样板 / 孙利，段亚兵著．-- 北京 ： 人民出版社，2024．11．-- ISBN 978－7－01－026812－5

Ⅰ．F279.243

中国国家版本馆 CIP 数据核字第 2024YF0577 号

小巨人腾飞

XIAOJUREN TENGFEI

——中国专精特新企业深圳样板

孙　利　段亚兵　著

人民出版社 出版发行
（100706　北京市东城区隆福寺街 99 号）

中煤（北京）印务有限公司印刷　新华书店经销

2024 年 11 月第 1 版　2024 年 11 月北京第 1 次印刷
开本：710 毫米 ×1000 毫米 1/16　印张：16.25
字数：218 千字

ISBN 978－7－01－026812－5　定价：96.00 元

邮购地址 100706　北京市东城区隆福寺街 99 号
人民东方图书销售中心　电话（010）65250042　65289539

序

王京生

孙利和段亚兵写了一本新书，希望我作序，看了书的内容，我欣然同意。

我与他们夫妇两人都熟悉。孙利从 1999 年开始创办深圳市中小企业发展促进会，几十年里把心思全部用在帮助中小企业的发展上，以当好政府与企业间的桥梁与纽带为己任。促进会取得许多成绩：宣讲市委市政府关于产业发展的方向和扶持政策内容；鼓励中小企业自主创新，举办了两年一届共 7 届的深圳市自主创新百强中小企业评选活动，用十几年的精耕细作打造了一个个亮丽品牌；同时，还每年带领深圳的中小企业“走出去”，参加各种各样的展会，如德国汉诺威工业展、德国慕尼黑太阳能展等全球一流展会，让深圳的中小企业在与世界最优秀企业的同台竞争中不断进步，让“深圳制造”“深圳智造”誉满全球。像这样用几十年时间做好一件事，且取得出色成绩，难能可贵。

亚兵则是我在市委宣传部工作时的同事，他在做好本职工作之余，喜欢写作，著作颇丰。由于孙利的工作，他与中小企业接触也多，尤其是退休后，多次跟随中小企业参展团到国内外参展，更是与企业家们交朋友，记录和写出了许多企业家创业的故事。

2003 年夫妻二人合作写了一本《小巨人崛起——中国中小企业发

展之路》的专著，写作这本书是因为2002年全国人大常委会通过了中小企业促进法，这是从法律上保障我国中小企业发展的里程碑。20年后的今天，两人又合作写出了《小巨人腾飞——中国专精特新企业深圳样板》一书，继续为中国中小企业的发展鼓与呼，体现了两位作者对深圳中小企业一份执着的感情和对中国制造业发展的一些思考。在这本书中，有许多精彩的观点和细节。如，在支持中小企业发展上，提出了“专精特新符合中小企业转型升级的基本规律和成长逻辑，是国家对中小企业实现高质量发展作出的路径规划和战略部署”“中小企业是培育企业家的摇篮”“在市场经济的激烈竞争中，打拼出来的中小企业无论是在技术研究、产业升级、打造品牌、生产优质产品方面都取得了不俗的成绩，让深圳的经济发展始终充满着活力”等，体现了对中小企业发展规律和发展作用的认识。

我在担任国务院参事期间，用八年时间领衔中国“大众创业、万众创新”情况研究，并对深圳中小企业的创新创业情况做了实体调研。看到此书之后，更增加了很多鲜活的认识。据我看来，国家开展专精特新“小巨人”企业的培育，至少有两方面的意义。

首先，该项工作应该成为中国走向创新型国家的重要内容。中国中小企业数量众多、作用重要，在中国经济发展、制造业发展中立下了汗马功劳。习近平总书记说:“概括起来说，民营经济具有‘五六七八九’的特征，即贡献了50%以上的税收，60%以上的国内生产总值，70%以上的技术创新成果,80%以上的城镇劳动就业,90%以上的企业数量。”我国能够成为世界第一的制造业大国，中小企业作出了重大贡献。

深圳在落实这项工作中表现出色。国家级专精特新“小巨人”企业的数量连年增长，从原来全国城市排名第4，2023年上升为第2。能够取得好成绩，一是因为深圳市委市政府领导对这项工作重视；二是因为深圳的中小企业特别是民营科技企业，数量多，质量好，创新精神强。

从深圳的实践看，抓好专精特新企业的培育工作，是鼓励企业科技创新、观念创新，产业链强链补链、弥补短板的重要举措。抓好这项工作，能够激发更多中小企业的创新创造热情，从而让更多人勇于创意、敢于创新，形成“全民创意”的文化氛围，这不仅能让我国的制造业更上一层楼，也能够让“大众创业、万众创新”的活力进一步迸发出来。

其次，抓好专精特新工作要靠文化力量。我曾在《什么驱动创新》一书中提出“是什么驱动创新?”的疑问，并得出了是“文化驱动创新”的结论。具体而言，文化对创新有八个作用。第一，文化为创新提供“真善美”的核心价值；第二，文化为创新提供变化自强的心理定式；第三，文化为创新提供与时俱进的观念支撑；第四，文化提供创新自觉和创新自信；第五，文化为创新锻造所需要的企业家精神、工匠精神、创新精神；第六，文化为创新培育创新创意阶层；第七，文化为创新提供“大众创业、万众创新”的实现空间和环境支持；第八，文化为创新营造“鼓励创新、宽容失败”的氛围。

文化对创新的这些作用，已经被近年来深圳文化产业的发展和繁荣佐证。从 2003 年到 2022 年，深圳的文化产业增加值，从 135.3 亿元到超过 2600 亿元，短短 20 年的时间，增长了近 20 倍，平均一年增长近 1 倍；核心文化产品出口额占全国的 1/6，深圳文化产业成长为深圳经济的四大支柱产业之一。这些就是文化驱动创新的最好例证。而同一时期，“空谈误国，实干兴邦”“敢为天下先”等深圳观念和深圳精神，也在深圳文化和文化产业的创新发展中发挥了重要作用。

“专精特新”企业通常集中在科技含量高、设备工艺先进的中高端产业，虽然它们规模不大，但是具有专业性和创新性。既然是“文化驱动创新”，那是什么驱动“专精特新”企业的发展？也必然是文化。今天，全国上下都在大力推动新质生产力的形成和发展，“专精特新”企业符合新质生产力的特征，可以说，“专精特新”就是新质生产力的代表之一，而要推动新质生产力的发展，同样离不开文化的力量。在这本书里，我们看到深圳企业的发展也充分展现了这一点。

概言之，专精特新“小巨人”企业是创新型国家的组成部分，将其上升为国家战略，无论对促进科技创新、提高国家和企业的核心竞争力，优化产业链结构、迅速提升制造业生产水平，还是为企业发展出谋划策、指导中小企业沿着正确方向发展等，乃至推动“全民创意”的实现和更好地激发“众创”活力，都有重要和现实意义。从这个角度看，作者写《小巨人腾飞》一书，阐述国家战略的重要性，回答社会关心的热点问题，阐释文化对创新的意义，讲述一部分精选的深圳专精特新企业的创业经验，分析这些企业的成功经验和失败教训，其内容富有启发性，且可读性强，很值得阅读和思考。

（王京生，联合国教科文组织“孔子奖章”获得者，国家文化艺术智库特聘专家，国务院原参事，深圳市委原常委、宣传部原部长。）

目录

CONTENTS

序 / 王京生 ······ 001

前　言 ······ 001

序　篇　着力培育专精特新中小企业 ······ 001

第一篇　术业专攻 ······ 039

乐凡信息："红色小巨人"是怎样炼成的？ ······ 041
橙子数字：让影视世界变得更清晰 ······ 051
科安达：铁路交通高速安全行驶的守护神 ······ 061
星联天通：空天地通导一体的闯将 ······ 069
广和通：深耕物联网行业的龙头 ······ 079

第二篇　行业精英 ······ 087

艾贝特：激光锡焊技术的领军者 ······ 089
航顺芯片：中国芯片行业的高端品牌 ······ 099
华科创智：在纳米银线领域创造奇迹 ······ 107

医未医疗：为老龄社会到来早做准备 …… 115
影石创新：创造核心竞争力 …… 125

第三篇　特色利器 …… 133

威远精密：高质量高速度发展 …… 135
志奋领：传感器技术的执着追求者 …… 141
浩瀚卓越：为了消费者享受美好生活 …… 147
绘王趋势：创新绘出企业发展美好蓝图 …… 155
网心科技：立足于边缘云计算 …… 163

第四篇　创新翘楚 …… 169

潜行创新：潜入深海的探索者 …… 171
萨摩耶：金融云的佼佼者 …… 179
同行者：让驾驶者更安全 …… 189
华成工控：注塑机器人的先锋 …… 197
三旺通信：深耕工业互联网 …… 207
千分一：研发绿色环保电容笔 …… 217

附　录　他山之石 …… 225

一、美国发展小企业的做法 …… 227
二、德国扶持中小企业的政策 …… 237

后　记 …… 249

前　言

孙　利

2003年我与先生段亚兵共同撰写了《小巨人崛起——中国中小企业发展之路》，如今再写《小巨人腾飞——中国专精特新企业深圳样板》，两本书跨度二十余年。

写前一本书背景是2002年6月第九届全国人大常委会通过了《中华人民共和国中小企业促进法》，我国促进中小企业发展走上了规范化、法治化轨道；而写作这本新书则是因为国家将促进中小企业发展上升到关系民生和社会稳定的战略高度，制定一系列方针政策，实实在在培育扶持专精特新"小巨人"企业发展。

读者从两本书里，既可以感觉到国际局势的变化，国家前进的脚步，深圳经济的巨变，深圳中小企业发展历程；也能看出深圳制造业的转型升级，中小企业的奋发向上，政府对中小企业的政策扶持。

《小巨人崛起》写了当时的一批中小企业"小巨人"的成长历程。回头看，一些长大了，一些不见了，一些转型了，一些创新升级了。艰难中举步不言退缩，重创后舔伤再出江湖，失败了重来浴火重生，春风里破茧化蝶飞舞。中小企业成长着实不易。

如今再写《小巨人腾飞》，又精选新一批"小巨人"企业，写下企业家精彩的创业故事。这一批企业，创新精神更强，技术更先进，实力更雄厚，视野更开阔，在国内外商海中更有竞争力。

一滴水折射出太阳的光辉。从两本书里，可以看到世界的变化、中国的变化、深圳企业的变化。20 年前改革开放的大潮涌起，大家睁大眼睛看世界，如饥似渴学知识，引进大量的外资，承接国外技术的转移，学习国外企业的管理经验，迎来中国工业化、科技创新的浪潮。

20 年后的中国企业，技术上，从模仿山寨到自主创新；管理上，从蹒跚学步到阔步前行；投资上，从大量引进来到坚定走出去。企业得到了更多的政府政策的支持、社会组织的帮助，积极参与国家“一带一路”建设。这几年，虽然受到了新冠疫情的影响、美国发动贸易战的打压，商海风云变幻，企业困难重重，但是企业家们观察世界的眼光已有变化，对世界经济形势的理解已经不同，中国企业家坚持走和平、合作的道路，与国家一道为构建人类命运共同体尽力。面对国际商海风起云涌，企业家们处变不惊，靠专精特新、靠自主创新提升企业核心竞争力，促进企业健康成长。

从中美之间几年的竞争来看，竞争首先是从贸易领域开始的，然后到金融领域，再到科技领域。科技比的是创新，看谁的创新能力更强，能够不断地研发出新技术，并更快地运用于各行各业中。科技创新是大国竞争的最后一个阵地。拥有科技创新能力，就能促使制造业不断转型升级。这对企业来说，意味着拥有更强的核心竞争力；对贸易来说，意味着更高的市场占有率；对国家来说，意味着更强的国力。因此，毫不夸张地说，科技创新能力强，则国家实力强。大国之间的竞争，说到底最终表现在科技创新能力上。

二十多载风雨里同舟共济，二十多年奋斗中砥砺前行。深圳中小企业发展促进会成立 20 多年来，作为政府与企业间的桥梁，始终为会员企业服务，与它们一同前行，见证着它们不断成长壮大，成为中小企业的“娘家”。如今，促进会的工作重点也有所变化：成立投融资联盟，帮助企业融资，为企业上市提供一条龙服务；成立深圳市中小企业国际技术合作协会，帮助中小企业走出去，参加各种展会，与国外的企业开展各种技术合作；在市、区政府的指导委托下，承担起了深圳国家级专精特新“小巨人”企业的培育认定工作，为使深圳小巨人企业数量越来越多、质量越来越好、竞争力越来越强出谋划策。

大家惊喜地发现，不仅深圳的国家级专精特新“小巨人”企业已经达到了742家（不包括今年正在公示的298家），在全国城市中排名第二（仅次于北京），而且深圳的“制造业单项冠军企业”达到95家，排名全国第二（宁波104家，排名第一），更可喜的是，2024年深圳“制造业单项冠军企业”以29家的增量排名全国城市第一。深圳“独角兽”企业33家，全国排名第三(北京79家位列第一，上海66家位列第二)，全球排名第六。

深圳的企业核心竞争力越来越强，形势真的喜人。

书中所写的21家企业，因其产品有特色、科技含量高，有发展潜力、成长性强而受到我们的关注，堪称中国专精特新企业深圳样板。深圳作为建设中国特色社会主义先行示范区，已经产生、也必将涌现更多更好的中小企业，希望我们有机会续写新篇，讲好它们的精彩故事。

2024.10

序　篇　着力培育专精特新中小企业

一

专精特新中小企业是什么？

所谓“专精特新”，是企业发展的一种较理想的状态，是专业分工、技术水平达到一定高度的标志，是提高企业核心竞争力的有效途径。

工业和信息化部（以下简称“工信部”）作为全国工业企业的最高政府管理部门，对此有专门的定义。在工信部正式颁布的《优质中小企业梯度培育管理暂行办法》中定义说：“专精特新中小企业实现专业化、精细化、特色化发展，创新能力强、质量效益好，是优质中小企业的中坚力量。”

根据此定义，专是“专业化”，精是“精细化”，特是“特色化”，新是“创新能力强”。有学者想把“创新能力强”简化为三个字，有人简化为“新颖化”，有人简化为“创新性”。笔者认为，简化为“创新力”，可能更符合原文的意思。

工信部关于“专精特新”四个字提得好，既体现中国人自古以来创业、做事的智慧，也很好地概括出了中小企业的特征和发展的方向，被企业家广泛接受。如果将“专精特新”对企业发展的作用做个概括，是不是可以这样说：专业化是起点，精细化是保障，特色化赢得竞争，创新力促进发展。“专精特新”符合中小企业转型升级的基本规律和成长逻辑，是国家对中小企业实现高质量发展作出的路径规划和战略部署。

专精特新培育工作计划

“专精特新”这个概念提出于2011年。

该年7月，工信部在《中国产业发展和产业政策报告（2011）》中，首次提出了“专精特新中小企业”的概念。9月，工信部下发《“十二五”中小企业成长规划》，将专精特新发展方向作为中小企业转型升级、改变发展方式的重要途径。2013年7月，工信部又下发《关于促进中小企业“专精特新”发展的指导意见》。这三份文件显示工信部对如何促进中小企业的发展有了完整的新思路。

制定工作路线图

提出专精特新中小企业方针任务后，国家有关部门很快开始制订具体的工作计划。先是于2016年8月，由工信部、国家发改委等部门下发《工业强基工程实施指南(2016—2020年)》，提出了“100+10”的目标。所谓“100”，是指培育100家左右年销售收入超过10亿元、具有国际竞争力的专精特新“小巨人”企业；“10”是形成10个左右具有国际竞争力、年销售收入超过300亿元的基础产业聚集区。

2018年11月，工信部下发《工业和信息化部办公厅关于开展专精特新“小巨人”企业培育工作的通知》，计划利用3年时间（2018—2020年），培育600家左右专精特新“小巨人”企业。

2019年4月，中共中央办公厅、国务院办公厅印发《关于促进中小企业健康发展的指导意见》。文件要求：“引导中小企业专精特新发展。支持推动中小企业转型升级，聚焦主业，增强核心竞争力，不断提高发展质量和水平，走专精特新发展道路。研究制定专精特新评价体系，建立动态企业库。以专精特新中小企业为基础，在核心基础零部件(元器件)、关键基础材料、先进基础工艺和产业技术基础等领域，培育一批主营业务突出、竞争力强、成长性好的专精特新‘小巨人’企业。”

制定梯度培育体系、标准体系和评价机制

2020年7月，工信部等17个部门下发《关于健全支持中小企业发展制度的若干意见》，制定了完整、系统的支持中小企业发展的各项制度政策，其中包括基础性制度、财税支持制度、融资促进制度、创新发展制度、服务体系、合法权益保护制度等。在创新发展制度中，提出了完善支持专精特新发展机制。具体要求“健全专精特新中小企业、专精特新‘小巨人’企业和制造业单项冠军企业梯度培育体系、标准体系和评价机制，引导中小企业走专精特新之路”。至此各项政策配套措施基本完善。

2021 年 12 月，工信部等 19 部门下发《“十四五”促进中小企业发展规划》，提出了 2021—2025 年的量化发展要求：“推动形成一百万家创新型中小企业、十万家专精特新中小企业、一万家专精特新‘小巨人’企业。”

培育专精特新中小企业的工作要点

根据上面所列的各规划和文件精神，下面集中列出一些要点，以帮助读者更快、更准确地理解培育专精特新中小企业工作的内容。

首先，培育专精特新中小企业工作是分梯度的

按照 2021 年 12 月工信部等 19 个部门下发《“十四五”促进中小企业发展规划》，从下到上分为三个梯度层次：创新型中小企业（100 万家），专精特新中小企业（10 万家），专精特新“小巨人”企业（1 万家）。

工信部《优质中小企业梯度培育管理暂行办法》（工信部企业〔2022〕63 号）对这三个层次的企业做了规定：

“创新型中小企业具有较高专业化水平、较强创新能力和发展潜力，是优质中小企业的基础力量”；

“专精特新中小企业实现专业化、精细化、特色化发展，创新能力强、质量效益好，是优质中小企业的中坚力量”；

“专精特新‘小巨人’企业位于产业基础核心领域、产业链关键环节，创新能力突出、掌握核心技术、细分市场占有率高、质量效益好，是优质中小企业的核心力量”。

除了这三种企业以外，还有制造业单项冠军企业。《“十四五”促进中小企业发展规划》中规定，培育专精特新“小巨人”企业，“并推动向制造业单项冠军企业发展”。对制造业单项冠军企业的要求是：长期注重于制造业特定细分产品市场，生产技术或工艺国际领先，单项产品市场占有率居全球前列。制造业单项冠军企业条件更严格、数量更少。

其次，培育专业特新中小企业工作是分批次的

2019—2022年工信部共发布4个批次专精特新“小巨人”企业，累计认定8997家。其中，第一批认定155家，第二批认定1584家，第三批认定2930家，第四批认定4328家。2023年开展第五批次工作，又认定3671家。总数达到了12668家。

培育专精特新中小企业工作提前完成了计划

2023年7月26日召开的2023全国专精特新中小企业发展大会上，工信部部长金壮龙公布说，全国已培育专精特新中小企业9.8万家，“小巨人”企业1.2万多家。按照“十四五”规划（2021—2025年），培育10万家专精特新中小企业的任务接近完成，培育1万家“小巨人”企业的目标已经提前超额完成。另外，“十四五”规划要求培养1000家“制造业单项冠军”企业，实际已经完成1183家，也超额完成。

专精特新“小巨人”企业认定标准

关于这个问题，我们可以先根据工信部《优质中小企业梯度培育管理暂行办法》对于专精特新“小巨人”企业认定的“专、精、特、新、链、领域”6个指标做一番分析。

专业化。要求企业长期专注并深耕产业链某一环节或某一产品；企业从事特定细分市场时间达到3年以上，主营业务收入总额占营业收入总额比重不低于 70%，近 2 年主营业务收入平均增长率不低于 5%。

精细化。生产技术、工艺及产品质量性能国内领先，注重数字化、绿色化发展，在研发设计、生产制造、供应链管理等环节，至少 1 项核心业务采用信息系统支撑；取得相关管理体系认证或产品通过发达国家和地区产品认证（国际标准协会行业认证）；企业资产负债率不高于 70%。

特色化。技术和产品有自身独特优势，主导产品在全国细分市场占有率达到 10% 以上，且拥有较高知名度和影响力；拥有直接面向市场并具有竞争优势的自主品牌。

创新能力。一般性条件（同时满足）：(1) 营收 1 亿元以上，研发费用占比不低于 3%；营收 5000 万—1 亿元，研发费用占比不低于 6%；营收 5000 万元以下，近 2 年新增股权融资总额 8000 万元以上，研发费用 3000 万元以上、研发人员占 50% 以上。(2) 自建或与高校院校院所联合建立研发机构。(3) 拥有 2 项以上 Ⅰ 类知识产权。创新直通条件(满足一项即可)：(1) 近 3 年获得国家级科技奖励，排名前三。(2) 进入创客中国中小企业创新创业大赛全国 50 强。

产业链位置。位于产业链关键环节，围绕重点产业链实现关键基础技术和产品的产业化应用，发挥“补短板”“锻长板”“填空白”等重要作用。

主导产品所属领域。在细分产品市场里属于制造业核心基础零部件、元器件、关键软件、先进基础工艺、关键基础材料和产业技术基础（通常称为“六基”）；或符合制造强国战略十大重点产业领域（新一代信息技术产业、高档数控机床和机器人、航空航天装备、海洋工程装备及高技术船舶、先进轨道交通装备、节能与新能源汽车、电力装备、农机装备、新材料、生物医药及高性能医疗器械）；或属于网络强国建设的信息基础设施、关键核心技术、网络安全、数据安全领域等产品。

上述六项条件是专精特新“小巨人”企业的条件，是比较高的条件。低2个层次的“创新型中小企业”和低1个层次的“专精特新中小企业”，可以偏重这些条件中的某些指标，如果获得专精特新“小巨人”企业的认定，就必须达到以上全部条件。

纳入专精特新企业培育计划对企业成长的好处

对企业而言，被纳入工信部专精特新中小企业梯度培育计划，对其健康发展、转型升级会有多方面的好处。具体说至少有以下几项。

一是帮助企业明确发展方向，让企业少走弯路。

企业家由于受自身知识层次的影响，或者对市场广度了解不够的限制，开始创业时往往不知道做什么行业好，也不清楚劲应该使在哪里，也就是说对企业发展的方向不明。有的只做自己熟悉的行业，而不知道这个行业发展前景可能有限；有的将注意力放在眼前的利润上，而没有想到这种获利局面可能是短期的，更没有想到只有加大对技术研发的投入力度才能让企业有发展的后劲。如果企业能够努力进入专精特新中小企业培育计划，或者虚心向已被纳入梯度培育计划的企业学习，就可以知道自己的企业应该往什么方向发展。

二是能够得到国家税收、财政优惠政策等方面的支持。

只要企业被纳入专精特新中小企业梯度培育计划，并达到某一个层次标准，就能得到某级政府的一次性奖励，且从此能够享受国家税收减免、政府财政优惠政策等长线的支持帮助，这对企业的发展非常有利。

三是容易得到金融机构的优惠融资服务。

银行的信息灵通，对国家的政策更敏感，它们发现纳入梯度培育专精特新计划的中小企业就是潜在的优质客户群。能被纳入培育计划就说明这是一个技术创新精神强、市场发展潜力大的企业体；同时由于这些企业的技术、产品符合国家产业战略发展的方向，得到了有关优惠政策的支持，企业发展的势头好、后劲足，因此会是银行的优质客户。各银行纷纷开发一些利息更低、手续更快捷，专门为专精特新中小企业融资贷款的服务项目。

四是成为风投机构投资的标的。

近年来，创投机构对专精特新“小巨人”企业的投资渗透率正不断提升。据 LP 投顾发布的《创投助力国家级专精特新“小巨人”企业研究报告 2023》，工信部公示的 12192 家国家级专精特新“小巨人”企业中，有 5208 家企业及其母公司曾获得过股权融资，占比 42.72%。风投机构对国家级专精特新“小巨人”企业的关注度迅速上升。（记者申俊涵:《“专精特新”企业成投资香饽饽》,《21 世纪经济报道》2023 年 12 月 4 日）

五是能提高企业在行业中的知名度、在社会上的美誉度。

按照有关部门的要求，新闻媒体加大了对专精特新中小企业的宣传力度。例如，由深圳市工业和信息化局、市中小企业服务局、市中小企业发展促进会、深圳广电集团联合制作推出了《寻找小巨人》系列节目。选择优秀企业典型，讲述专精特新“小巨人”企业的故事，受到了社会各界的高度关注和广泛好评。一些观众评价说，这些企业在专精特新的高山上奋力爬坡，在为国为民作贡献的大地上默默耕耘，他们是将深圳打造成经济强市的英雄，应该得到全社会的尊重和赞扬。

六是上市条件好。

进入梯队培育的专精特新中小企业，上市条件比较好。根据 2023 全国专精特新中小企业发展大会上公布的数据，截至 2023 年 6 月 30 日，累计有 1600 多家专精特新中小企业在 A 股上市，占 A 股已上市企业的比例超过 30%。其中，800 多家专精特新“小巨人”企业上市，占 A 股已上市企业的比例超过 15%。上市的专精特新中小企业中，约 60% 在创业板和科创板上市，这符合专精特新中小企业中创新型科技企业占大多数的特点。

七是能提高企业核心竞争力。

这其实是最重要的一条。如果被纳入专精特新中小企业梯度培育计划，并逐层升级到“小巨人”企业，就说明这家企业满足了专精特新“小巨人”企业的 6 项指标，意味着企业通过长期练内功，核心竞争力大大得到提高。这样的企业不光能够在国内市场上取得竞争优势，就算是“走出去”到了欧美发达国家市场也具有同台打擂、亮剑比武的能力。

二

中小企业是国家经济发展的重要基础

“专精特新”针对的是中小企业。中国是中小企业发展状况比较好的国家之一，本部分对我国中小企业的发展情况作一简要介绍。

按照规模大小可以将企业划分为大中小 3 类，后来在小型企业中又划出了微型企业，总共为 4 类。人们一般比较关注大型企业，因为大型企业实力雄厚，产品丰富，产品在市场上占据的份额比较大，品牌效应明显，社会影响力广泛。再加上大型企业作为行业中的头部企业，或者世界市场上的跨国公司，容易在一个行业或者在行业的几类产品中形成垄断，更增加了其在市场上的压倒性优势。“大树下面无小树”说的就是这种情况。

实际上，无论是对于一个国家经济的健康、可持续发展而言，还是对于解决社会就业问题、稳定社会秩序而言，中小企业的基础性作用都更加重要，其地位是大型企业难以替代的。

就中国中小企业（多数为民营企业）的贡献而言，领导人和学者的看法比较一致，习近平总书记对此曾做过一次论述。2018 年 11 月 1 日在庆祝改革开放 40 周年时的一次民营企业座谈会上，习近平总书记说："概括起来说，民营经济具有'五六七八九'的特征，即贡献了 50% 以上的税收，60% 以上的国内生产总值，70% 以上的技术创新成果，80% 以上的城镇劳动就业，90% 以上的企业数量。"（《人民日报》2018 年 11 月 1 日）

中小企业有什么优点呢？

一是中小企业数量众多。量就是优势，中小企业作为个体势单力薄，但是作为群体又有数量多、潜力大的规模效应。积土成地承载九层垒台，聚星成河点缀美丽夜空。据工信部公布的数据，2012—2021 年，全国中小微企业数量从 1780 万家增长到 4800 万家，10 年增长 1.7 倍；规模以上工业中小企业平均营业收入利润率从 5.3% 增长到 6.2%，提高了 0.9 个百分点，发展质量效益不断提升。

二是分布面广，渗透到产业链的方方面面。随着中小企业的迅速发展，其经营环节涵盖设计、生产、加工、销售、服务，并渗透到各个行业，分工越来越细，从而形成了系统完整的技术研发链、生产链、信息链、服务链等。生产链分工越细致、越完整，则生产效率越高、生产成本越低。

三是经营成本低、经营方式灵活。中小企业的管理机构一般比较简单，扁平化，效率高。尤其是许多民营企业在创业起步时，企业核心人员大多以亲戚朋友组成。这样的企业具有凝聚力强、经营成本低的特点，对企业的创业起步十分有利。中小企业的经营比较灵活，对市场敏感，善于发现商机，在市场中补遗拾缺，容易找到立足之地。如果市场发生波动，应对能力比较强，"船小好掉头"。

四是中小企业富有创新精神，技术研发能力比较强。由于在市场竞争中处于不利地位，逼着中小企业必须在应用技术研发上找出路，通过不断研发新技术、推出新产品，来弥补自己实力不足的缺点。因此，不论是中国，还是世界，中小企业都是技术创新的重要主体。

五是中小企业是培育企业家的摇篮。事物的发展规律总是由小到大，由弱到强，中小企业同样如此。由于中小企业具有自身的一些优势，一遇到合适的时机就会超常规发展、迅速成长。如果到历史长河中到源头去看一看，如今的许多巨无霸企业、跨国公司，都是从中小企业起步的。因此中小企业还有一个重要角色，就是培养企业家的摇篮，是培育大企业的苗圃。很多的企业家都是从小微企业开始培养、历练的，最后成为世界著名的大企业家。据工信部不完全统计，在世界 500 强企业中，我国民营企业由 2010 年的 1 家增加到 2018 年的 28 家。

2023 年《财富》世界 500 强企业排行榜公布，中国（含香港、台湾地区）共有 145 家企业入榜。深圳共有 10 家企业入榜，其中 8 家为民营公司。（记者肖晗、袁静娴：《10 家深企跻身世界 500 强》，《深圳商报》2022 年 8 月 4 日。）

习近平总书记评价说："长期以来，广大民营企业家以敢为人先的创新意识、锲而不舍的奋斗精神，组织带领千百万劳动者奋发努力、艰苦创业、不断创新。我国经济发展能够创造中国奇迹，民营经济功不可没！"（习近平：《在民营企业座谈会上的讲话》，《人民日报》2018 年 11 月 1 日）

中小企业也存在着许多劣势。实力弱小，抗风险的能力不强；参差不齐，发展的潜力不同。因此，存活率比较低，生存时间比较短。据统计，我国中小企业平均寿命仅 3 年左右，比欧美发达国家创业企业平均存活的时间短得多。相比之下，目前认定的专精特新"小巨人"企业平均成立年限为 16 年，这个数字比较鼓舞人。

党和国家高度重视发展专精特新中小企业

2015 年 5 月，国务院公布了一份重要文件《中国制造 2025》。这是国家发展先进制造业的纲领性文件。文件提出要发展一批主营业务突出、竞争力强、成长性好、专注于细分市场的专业化“小巨人”企业。国务院的文件标志着培育“小巨人”中小企业工作开始被列入国家规划。

2021 年 7 月 30 日，中共中央政治局会议在分析研究当前经济形势、部署下半年经济工作时强调，要强化科技创新和产业链供应链韧性，加强基础研究，推动应用研究，开展补链强链专项行动，加快解决“卡脖子”难题，发展专精特新中小企业。为中小企业下一步发展指明了方向。

习近平总书记高度重视中小企业发展，指出“我国中小企业有灵气、有活力，善于迎难而上、自强不息”，强调“中小企业能办大事”。(《人民日报》2021 年 8 月 19 日)

2022 年 9 月 8 日全国专精特新中小企业发展大会在江苏省南京市开幕。习近平总书记在给会议发的贺信中指出，中小企业联系千家万户，是推动创新、促进就业、改善民生的重要力量。希望专精特新中小企业聚焦主业，精耕细作，在提升产业链供应链稳定性、推动经济社会发展中发挥更加重要的作用。

习近平总书记要求各级党委和政府要坚决贯彻落实党中央决策部署，为中小企业发展营造良好环境，加大对中小企业支持力度，坚定企业发展信心，着力在推动企业创新上下功夫，加强产权保护，激发涌现更多专精特新中小企业。

2022 年 3 月 5 日李克强总理在政府工作报告中提出：“着力培育‘专精特新’企业，在资金、人才、孵化平台搭建等方面给予大力支持。推进质量强国建设，推动产业向中高端迈进。”

2022 年 10 月 16 日，习近平总书记在党的二十大报告中提出："支持专精特新企业发展，推动制造业高端化、智能化、绿色化发展。"标志着培育专精特新企业发展成为全党的共识。

2023 年 7 月 26 日，全国专精特新中小企业发展大会在浙江杭州举行。中共中央政治局委员、国务院副总理张国清出席会议。他在讲话中强调，要深入贯彻习近平总书记关于支持中小企业发展的重要指示精神，持续优化发展环境，不断完善支持政策，加快促进中小企业高质量发展，着力培育更多专精特新中小企业，推动中小企业在构建新发展格局、推动高质量发展中发挥更大作用。

新中国制造业发展成就

国家开展专精特新"小巨人"企业培育认定工作，对进一步提升中国制造业大国的地位、保持国家的核心竞争力具有十分重要的意义。为了深入认识其意义，需要从更广阔的时代背景进行理解。

2010 年对于中国制造业发展来说，是一个里程碑式的年份。就在这一年，中国成为全球制造业第一大国，重新回到了中国曾经在人类历史发展中的制造业强国地位。根据工信部公布的数据，2010 年中国制造业产值达到 19550 亿美元，超过美国成为世界第一。中国的制造业规模不但超过了美国，而且几乎等于排在其后面的美日德三国之和。

在人类发展历史上，中华文明是唯一没有中断的大国文明。并且多数时候，中国是人类文明的领军者和举旗手，其生产力水平处于世界前列，这种状况一直持续到 18 世纪中叶。18 世纪 60 年代英国爆发了工业革命，人类发展史上出现了不同于农业、种植业的新生产方式。后来欧美各国陆续完成工业化，西方文明由此崛起。掌握新的生产方式的西方生产力，超过了中国、印度等保持旧生产方式的农业大国的生产力。

在此后的3个多世纪里，西方国家在制造业上一直领先世界。1895年后起之秀美国在制造业上争得第一，直到2009年美国在世界制造业第一的宝座上稳坐了114年。

1840年后，中国在英国等西方工业国家的侵略、掠夺下，逐渐沦为半殖民地半封建社会。不甘落后的中国先驱们，抵御侵略，反抗压迫，前赴后继，奋起直追，走上了中国工业化的艰难道路。

回顾中国工业化、现代化的历史进程，共进行了4次努力。

第一次工业化（1861—1911年）。晚清政府推动一项国家经济现代化计划，包括建立一支现代化的海军与国家工业体系。中日甲午海战（1894年）中北洋水师全军覆没，标志着第一次工业化失败。

第二次工业化（1911—1949年）。民国时期民族工业的发展主要集中在轻工业方面，重工业基础极为薄弱，难以形成独立完整的工业体系。在帝国主义势力的控制下，民族工业不可能走上独立发展的道路。

第三次工业化（1949—1978年）。在第一、二次工业化过程中，虽然有了一些工业积累，但是经过8年全面抗战和4年解放战争，仅有的一些工业基础大部分被毁。中国开始了第三次雄心勃勃的工业化尝试。中国在短短的30年内走完了西方发达国家上百年走完的工业化道路，成为世界主要工业大国之一。

第四次工业化（1978年至今）。这次工业化是在改革开放条件下进行的，终于引爆了中国版的“工业革命”。世界银行数据显示，2010年我国制造业增加值超过美国，成为第一制造业大国。这是世界工业革命发展史上一个分水岭式的事件。

2019年，时任工信部部长苗圩概括说：“在70多年时间里，特别是改革开放以来，我国工业实现历史性跨越。1992年工业增加值突破1万亿元大关，2007年突破10万亿元大关，2012年突破20万亿元，2018年突破30万亿元。2018年，我国制造业增加值占全世界的份额达

28% 以上，成为驱动全球工业增长的重要引擎。”（记者刘坤：《70 年自力更生、艰苦奋斗：我国成拥有全部工业门类的第一制造业大国》《光明日报》2019 年 9 月 21 日）

2020 年，中国国内生产总值首次突破人民币 100 万亿元大关。2021 年中国国内生产总值超过人民币 114 万亿元。

如今的中国已经成为第一大工业国、第一大货物贸易国。中国 220 种重要工业产品的产量位居世界第一。中国的高速公路、高铁、地铁、水运、港口、隧道、桥梁、水利建设、电网电力等都是世界第一。

钢铁生产。1949 年我国钢产量只有 15.8 万吨，只占当年世界产钢量的 0.1%；2018 年，我国钢产量超过 9 亿吨，连续多年占据世界钢铁产量的“半壁江山”。

公路。2022 年我国公路总里程达到 535 万公里，其中高速公路通车里程 17.7 万公里，稳居世界第一。

高铁。高铁总里程达到了 4.2 万公里，位居全球第一；相比之下，世界其他所有国家的高铁加起来总里程为 3.8 万公里。

港口。全球排名前十的港口中，中国港口占了 7 个，分别是上海港、广州港、青岛港、舟山港、天津港、深圳港、香港港。

机场。全球排名前十的机场中，第一名是香港国际机场，第三名是北京首都国际机场。

桥梁。全球排名前十的桥梁中，中国的桥梁占了 4 个，分别是港珠澳大桥（全长 55 公里）、杭州湾大桥、四渡河大桥、香港青马大桥。

电网。2023 年世界 500 强电网公司排行榜中，中国的国家电网公司继续位列第三（前两位是美国沃尔玛和沙特阿美石油公司）。就电网电力而言，国家电网为世界第一。

汽车。2021 年全世界的汽车总产量是 7978 万辆，其中中国的产量是 2608 万辆，排名第一。要指出的是，中国是汽车生产大国，而不是汽车品牌大国。但是在新能源电动汽车领域，中国异军突起，成绩最出色的是比亚迪，销售数量位居全球第二，直逼特斯拉。

单个项目中，还有中国天眼射电望远镜、华龙一号核电站等。2022年完成了惊艳全球的中国空间站。最新的还有天舟七号货运飞船、神舟十八号载人飞船、嫦娥六号月球探测器等航天新技术新成果。

中国的制造业具有生产规模庞大、产业链系统完整、高质量的劳动者众多等特点。根据美国《纽约时报》的调查，如今中国工业在竞争中的优势已更多地体现在拥有完整的供应链条上。比如，中国是世界上唯一拥有联合国产业分类中全部工业门类（39 个工业大类、191 个中类、525 个小类）的国家，形成了门类齐全、独立完整的工业体系。

先进制造业是国家核心竞争力的体现

制造业成为衡量一个国家实力的主要指标。各工业国不断地提高本国的制造业水平，以保持国家的核心竞争力。这方面走在前面的是德国。2013 年，在德国汉诺威工博会上，德国总理默克尔提出了德国工业 4.0 的概念。这是世界制造业发展史上的一个重要事件。

所谓的工业 N.0 概念，说的是工业的动力方式、制造业的技术和工艺特点等。工业 1.0，指的是机械化；工业 2.0，指的是自动化；工业 3.0，指的是信息化；工业 4.0，指的是智能化。德国提出的工业 4.0（Industry 4.0）概念，是指利用物联信息系统（Cyber—Physical System，简称 CPS），将生产中的供应、制造、销售信息数据化、智慧化，提供快速、有效、个人化的产品供应。

工业 4.0 预示着人类社会即将拉开新一轮工业革命的序幕。德国是工业 4.0 的先行者，其他主要工业国也都认识到了提升制造业水平的重要性，陆续提出了各自产业进步升级、转型发展、占领制高点的计划。

例如，美国提出了“美国先进制造业国家战略计划”和“美国制造业创新国家网络计划”；欧盟提出了“欧洲工业数字化战略”；法国提出了“新工业法国计划”；英国提出了“英国工业2050年战略”；日本提出了“机器人新战略”；印度提出了“印度制造计划”；等等。

在新一轮的制造业升级竞争中，中国也快速行动。2015年5月，国务院公布《中国制造2025》，提出到2025年，70%的核心基础零部件、关键基础材料实现自主保障；80种标志性先进基础工艺得到推广应用，部分达到国际先进水平；建成较为完善的产业技术基础服务体系，逐步形成整机牵引和基础支撑协调互动的产业创新发展格局。

如果按GDP口径计算，2020年中国GDP达到14.73万亿美元（约合人民币100万亿元），位列世界第二，占同期美国GDP（20.93万亿美元）的70.38%。

由于中国制造业发展速度快、年均经济增长率高于美国，按照一些经济学家的计算，2030年中国GDP经济指标将超过美国，届时中国将在经济总量上超越美国成为世界第一。美国就是因为担心丧失经济霸权而向中国企业进行一轮又一轮打压。

技术的先进程度与制造业水平是正相关关系。技术水平决定着制造业的档次。制造业依靠科技创新实现迭代发展，最终提高其产品在国际市场上的竞争力。技术水平先进、高级，才能拥有高端的制造业；有了高端制造业，就能够生产出高技术、高效率的产品，获取高利润，有效拉动国家和地区的经济发展。因而，高端制造业成为当今各工业国家竞争的焦点。

形势已经越来越明朗，科技是第一生产力，科技将决定制造业发展的方向和水平。在科技创新方面的竞争将决定大国之间竞争的最终胜负。科技创新不仅决定制造业的水平，而且决定军事的实力，因此这是中美竞争中最关键的领域。这一领域美国仍然占有优势，中国正在举全国之力追赶美国。中国能否在科技创新方面取得优势，将决定中国未来发展的国运。

回顾改革开放以来中国制造业走过的道路，可以深刻地理解这一点。改革开放初期，我国大规模引进先进技术。虽然，由于西方工业国家采取种种措施对我国实行技术封锁，我国“以市场换技术”策略的实施效果不尽如人意，但也广种薄收，引进了一批相对先进的技术。在此基础上，经历了引进、模仿、研发、创新的过程，“中国制造”享誉世界。如今，中国制造的产品远销世界各地，中国由此成为全球第一大工业国和第一大货物贸易国。

培育专精特新“小巨人”企业的主攻方向

虽然中国自 2010 年起重新回到了世界第一制造业大国的位置，但是中国的制造业处于“大而不强”的状况，存在许多弱点。

一是就制造业的整体情况看，我国中低端制造业众多，高端制造业力量薄弱。2023 全国专精特新中小企业发展大会上，在分析我国实体经济发展中存在的问题时，刘世锦（国务院发展研究中心原副主任）认为，我们面对的是两种不同的实体经济，一种是传统的竞争力下降的实体经济，另一种是数字化、绿色化赋能、生产率大幅提升的实体经济。

二是虽然中国由于具备完整产业链的优势，能够生产出几乎所有的工业产品，但是我们生产的很多产品的许多关键核心技术却掌握在欧美国家手中。由此带来的许多“痛点”：重点领域关键核心技术“卡脖子”问题普遍存在；产业链上下游共生发展生态不完善；专业技术人才，特别是高端人才储备不足；区域产业链同质化竞争现象突出；等等。

三是科技研发创新能力不足，高端科研人才短缺，资金和物质资源投入少，研究的领域偏重于应用型科研，忽视基础性研究，特别是缺乏原创性的科研成果等。这些问题不解决，难以进一步提高我国的制造业水平，也会严重影响我国未来的发展后劲。

正因为我国的制造业、科研方面存在许多薄弱环节，美国才敢对中国发起贸易战、科技战，特别是在芯片技术上卡住中国的“脖子”。

问题已经摆在桌面上，中国能不能克服制造业中的种种弱点，在制造业上突破瓶颈、冲破天花板、更上一层楼，成为中国能否在 21 世纪继续发展的关键因素。

如何解决我国制造业的弱点和痛点？国家应该从何处下手、从何处发力？中小企业是中国制造业的主体，众多中小企业的生产组成了产业链上的各个环节，中小企业的技术研发水平和生产水准决定了“中国制造”的质量。因此，国家需要支持那些重视科技创新的制造业中小企业，制定专门的扶持优惠政策，帮助中小企业提高技术水平、迅速发展壮大。特别是要针对我国制造业存在的问题，推动制造业强链补链延链，解决“卡脖子”的痛点问题，弥补制造业的各种弱点，让中国制造业不断升级，最终实现中国从制造大国向制造强国的转变。

从努力实现这项宏大而艰难目标中，可以认识到国家开展专精特新中小企业培育工作的重要意义。

具体应该怎么做？

首先，明确产业方向。

按照《中国制造 2025》的要求，要大力推动制造业重点领域突破性发展，具体聚焦新一代信息技术产业、高档数控机床和机器人、航空航天装备、海洋工程装备及高技术船舶、先进轨道交通装备、节能与新能源汽车、电力装备、农机装备、新材料、生物医药及高性能医疗器械十大领域，这十大领域涵括了先进制造业的主要方面。其目的，从制造业角度讲，中国要改变低档次、低水平生产，升级到高档次、高水平，登上制造业的制高点；从国家产业发展战略角度讲，要由“中国制造”

转变为“中国创造”，从“中国速度”转变为“中国质量”，由“中国产品”转变为“中国品牌”。

工信部《优质中小企业梯度培育管理暂行办法》文件附件3《专精特新“小巨人”企业认定标准》中规定三项标准，专精特新“小巨人”企业应符合其中一项。

1. 在细分产品市场中属于制造业核心基础零部件、元器件、关键软件、先进基础工艺、关键基础材料和产业技术基础（此为“六基”要求）。

2. 符合制造强国战略十大重点产业领域（此即为《中国制造2025》中的“十大领域”）。

3. 属于网络强国建设的信息基础设施、关键核心技术、网络安全、数据安全领域等产品。

其次，明确产业攻关的重点、难点、痛点。

所谓“重点”就是上述《专精特新“小巨人”企业认定标准》中的三项规定领域。

所谓“难点”就是解决技术、工艺上的“卡脖子”问题。

所谓“痛点”就是强链补链延链，消除薄弱环节，不断维护我国制造业产业链的完整性。

从上面所说的各项内容，我们既可以看到国家制造业未来发展的战略部署，也可以看到培育专精特新中小企业工作的重要性。越来越多的专精特新“小巨人”企业将会在国家制造业转型升级发展中承担重大责任。

概括来说，“专精特新”不仅是“小巨人”企业的认定标准，而且为企业的发展指明了方向，即解决产业链中的重点、难点、痛点问题，填补市场空白；加快技术和产品更新换代，提高先进产品比重和品牌创造能力。工信部认定专精特新“小巨人”企业的标准不是对企业发展规模的期许，而是对企业质量的要求，希望企业能够在细分领域做精做强，成为行业的排头兵。国家通过培育专精特新中小企业，形成我国“大企业与中小企业协调发展、产业组织结构合理、资源配置有效”的格局。

三

深圳是专精特新“小巨人”企业生长的沃土

2023 年 7 月，工信部第五批专精特新“小巨人”企业名单公示，深圳共有 309 家企业通过审核。对于深圳来说，这无疑是一个天大的喜讯。2022 年，深圳新增专精特新“小巨人”企业 275 家，累计 442 家。此次再上榜 309 家，深圳的专精特新“小巨人”企业累计达到了 742 家（减去复核未通过的 9 家）。

※ 2023 年 7 月，工信部在杭州召开全国专精特新中小企业发展大会，深圳市中小企业局局长吕哲（左七）率深圳企业代表团参会。摄影　段亚兵

深圳在专精特新“小巨人”企业培育工作中的成绩可以用“连续超越”来形容。深圳以 309 家在第五批专精特新“小巨人”企业审核通过数量

居全国首位。在此前第四批“小巨人”企业认定中，深圳共有275家企业入选，数量超过了自己前三批的总和，四个批次累计数在全国城市排名中，由第四名超越宁波而成为第三名。2023年则更上一层楼，深圳在全国城市榜单中超过上海成为第二名。

在第四批和第五批公布后，“小巨人”企业累计数量城市排名不同。第四批公布后前五位城市为北京（589家）、上海（502家）、深圳（442家）、宁波（282家）、重庆（257家），而第五批公布后前五位城市变为了北京（831家）、深圳（742家）、上海（713家）、苏州（401家）、宁波（352家）。

五个批次公布后，全国专精特新“小巨人”企业排名前十的城市为北京（831家）、深圳（742家）、上海（713家）、苏州（401家）、宁波（352家）、杭州（325家）、重庆（310家）、武汉（310家）、成都（288家）、天津（255家）。

深圳在第三批公布后“小巨人”企业数量排名第四位，在第四批公布后排名上升为第三位，超越了宁波；而在第五批公布后排名上升为第二位，又超过了上海。

在前三批中，宁波排在深圳的前面，这是因为宁波这项工作开展得比较早。从2016年8月开始，宁波被确定为首个“中国制造2025”试点示范城市，先行试水。深圳为什么后来反超？是因为深圳的中小企业发展实力比较强，加上各级政府对这项工作的重视、努力。底气十足，拥有后劲。

上海原来排名第二位也是有充足理由的。上海作为我国的工业重镇，产业基础扎实，企业质量好。而深圳能够在第五批公布后累计数量超过上海，是因为深圳的科技创新精神比较强，被誉为“中国硅谷”；深圳的长处在于有大量的民营科技企业，形成了较完善的生产链、资金链、信息链、服务链，在工信部提倡的强链、补链，解决“卡脖子”技术难关方面发挥了重要作用。

迄今为止，深圳共拥有国家级专精特新“小巨人”企业742家、专精特新中小企业超过10900家、创新型中小企业12000家，形成了较为健全的优质企业培育梯队。

再从省对比的角度进行一些分析。第五批审核认定后，全国总计3671家企业上榜。在各省的排名中，江苏与浙江互换了位置，江苏成为第一名（共795家），浙江成为第三名（共384家），而广东第二名的名次没有变（共658家）。广东省能保持第二名的成绩，深圳功不可没。

如果按照五个批次的总量，广东依然排名第一，1535家；第二至五名的排列顺序为：江苏1505家；浙江1457家；山东1025家；湖北695家。业内人士评价说：“第一名的广东与第二名的江苏只差30家，广东要努力了!”

这里需要说明一下，从2022年开始，专精特新企业认定的规则有变。工信部认定专精特新“小巨人”企业；省工信厅认定专精特新中小企业；市工信局认定创新型中小企业。深圳作为副省级城市，有省级级别的评定资格。

就国家级专精特新“小巨人”企业而言，有两个特点。

一是数量连年增长，前4批的8997家+第五批的3671家，总数达到12668家，已经超过了工信部规划中提出的2025年培育1万家专精特新“小巨人”企业的目标，提前超额完成了任务。

二是专精特新“小巨人”企业主要集中在东南部沿海地区和中部地区。五批专精特新“小巨人”企业总数中，排名前10的省级单位分别是广东、江苏、浙江、山东、北京、湖北、上海、安徽、湖南、四川。其中东部6个、中部3个、西南部1个。

综观全国的情况，可以看出工信部设计的这个抓手抓对了。在这项工作中，全国出现了你追我赶、万马奔腾的喜人局面。排名靠前的省份与城市中的专精特新“小巨人”企业数量，与其所在地的经济发展状况、科技研发水平、企业发展数量与质量等基本一致。以城市为例，北京集聚了众多优秀企业，特别是中关村是研发能力最强的一个地区。上海一直是优秀企业发展的重镇，上海企业的产品一直以质量精湛享誉全国。深圳的商事主体注册量在全国是最高的，科技型中小企业发展状况良好、表现出色。深圳在前三批专精特新“小巨人”企业数量排名比较靠后，其原因可能是对此项工作的重视程度不够，或者可能是还未找到准确的工作方法。第四批、第五批由于加大了工作力度，深圳改进了工作方法，结果先后反超宁波与上海而成为第三名、第二名。

深圳各区开展专精特新“小巨人”企业培育工作的一些做法

最近网络媒体公布了2022年全国GDP十强区排行榜，其中深圳的5个区上榜。深圳城市经济实力雄厚，企业数量多、质量高，为做好专精特新“小巨人”培育工作奠定了坚实的经济基础。

下面对数量比较多的6个区开展专精特新企业培育工作的具体做法，做一些简单介绍。

南山区抓好培育工作五环节

在2022年全国GDP十强区中，南山区排名第一，GDP为8035.88亿元。2023年6月8日在深圳中国文博会上发布“中国文化产业竞争力百强区指数”，南山区综合发展指数排名第一。南山区是全国经济大区、科技强区、创新高地，拥有约41万家中小企业主体。

2022年11月，南山区在深圳市首个出台《支持专精特新企业发展专项扶持措施》，从服务奖励、创新能力、转型升级、市场推广、金融服务、人才支持、空间保障等7个方面，提出21条具体措施，支持专精特新企业发展。南山区的经验可以概括为“选种、育苗、浇水、施肥、坐果”五环节。

“选种”方面，在两个方向发力：一是建立专精特新“小巨人”企业、专精特新中小企业、创新型中小企业三级培育库；二是聚焦南山区“14+7”产业集群隐形冠军企业、国高企业、科技型中小企业、区属引导基金投资企业、高成长性中小企业等，争取将潜力股“一网打尽”。目前在库培育企业已达 3244 家。

“育苗”方面，分层分类分级指导：对符合评价标准的企业，积极动员企业提交申报；对接近评价标准的企业，指导企业补齐短板；对暂时不符合评价标准的企业，长期跟踪、定期评价，争取早日达标。

“浇水”方面，做好政策宣讲工作。紧扣专精特新“小巨人”企业申报节点，线上、线下相结合，进行巡回式、轮播式遴选申报培训和政策宣讲会，手把手指导企业申报认定。

“施肥”方面，加大政策支持力度。下发《南山区促进专精特新企业发展专项扶持措施》，这是全市范围内首份针对专精特新中小企业的一揽子措施，从企业培育服务、金融服务、人才政策等多方面加大对专精特新企业的支持力度。

“坐果”方面，高效组织专精特新企业申报认定。抢抓申报窗口期，对应申报的企业做到点对点通知无遗漏；提前做好材料预审服务，取得了比较好的成绩。

2023 年南山区申报推荐企业 288 家，其中 94 家获得“小巨人”称号，申报成功率达到 32.6%，高于全市平均水平 4 个百分点。南山区有效期内的专精特新“小巨人”企业总数达到 233 家。目前培育库中还有约 1823 家专精特新企业继续培育。

宝安区企业数量为全市之首

在 2022 年全国 GDP 十强区中，宝安区排名第五，GDP 为 4701.61 亿元。

宝安区大力发展制造业，中小企业数量多、质量好，为专精特新“小巨人”培育工作提供了较好的基础。宝安区商事主体已超 91 万户，其中企业总量近 50 万家，99% 以上是中小企业，市场主体数、企业总数均占全市的 1/5；拥有规模以上工业企业超 5120 家，占全市的 2/5。

宝安区经济发展好，得益于连续发布支持中小企业发展的重磅政策。2023 年 2 月，宝安区首次出台“1+1+N”产业政策体系，即宝安区 2023 年一号文和同步出台的 3 个方案，以及配套 N 项实施方案和若干措施，着力推动实体经济特别是制造业发展，加快建设世界一流先进制造业强区的步伐。

在支持培育专精特新中小企业方面，区政府推出了系列措施。例如，推出了专门的专精特新知识产权资产证券化产品（在全国为首单）；建成全国首个专精特新总部基地；推动建设公共技术服务平台、产业技术创新联盟等创新联合体，共享研发攻关、产品检测等资源；从规模以上工业企业、国家级高新技术企业、高成长性企业中遴选建立了专精特新企业培育库，对入库企业实施梯次培育、动态管理，帮助指导企业申报工作等。以上措施取得了良好效果。

龙华区数字化转型为企业赋能

2021 年 10 月，《深圳市龙华区推动制造业高质量发展若干措施》发布。龙华区积极贯彻文件精神，对区内的中小企业进行实地调研，建立了国家、省级、市级专精特新企业培育库。

2022 年，龙华区跻身高质量发展综合排名全省十强，列全国工业百强区第 13 位。龙华地区生产总值达 2952 亿元。龙华区作为广东省工业互联网产业示范基地、人工智能产业核心区，全区拥有制造业企业 2 万多家、规模以上工业企业 1800 多家、产业工人超百万，先进制造业增加值占工业比重达七成，是国内制造业门类最齐全、集聚度最高、链条最完整的区域之一。

2023年，龙华区推出“十百千”拓市场计划，即数十场稳外贸稳外资政策宣讲、超百项重点展会支持计划、几千家企业享受展会和出口信用保险政策，以及“我帮企业找市场”“百员进百园”专项行动等多个助企惠企计划，积极帮助企业找订单、拓资源、优市场，帮助企业“走出去”。

龙华在数字经济方面走出了一条高质量发展新路，数字经济的迅速发展成为龙华区培养专精特新企业的一个有利条件。2022年，龙华分门别类推出一批样板企业、经典方案，评选上云上平台标杆企业10家和数字化转型标杆企业20家，发布了3大类52个工业互联网应用经典案例，有效解决企业“不想转、不敢转、不会转”的难题。特别是在“龙华区2022年制造业数字化转型标杆案例”中，总结了深圳市格瑞普电池公司、深圳利亚德光电公司等40个标杆案例，摸索出了“树立标杆、典型引路、样板示范”的方法，取得良好效果，有力地推动了“数字龙华、都市核心”战略的落实（《“龙华区2022年制造业数字化转型标杆案例”出炉》，《深圳商报》2023年10月30日）。

工信部《中小企业数字化赋能专项行动方案》中，要求“加快中小企业数字化转型步伐”。龙华区的做法符合这一要求，成为用工业互联网为中小企业数字化转型赋能的一个典型。

龙岗区做好培育工作采取四项措施

在2022年全国GDP十强区中，龙岗区排名第四，GDP为4759.06亿元。在深圳中国文博会上发布的“中国文化产业竞争力百强区指数”中，龙岗区综合发展指数排名第三。

重视发展工业是龙岗区最突出的特点。根据工信部下属中国信息通信研究所一年一度的统计数据，龙岗区自2018年以来，连续6年位居全国工业百强区县榜首，龙岗由此获得“中国工业第一区”的称号。2022年全区规上工业企业增加值达2162.72亿元。龙岗区制造业核心产业集群蓬勃发展，已形成千亿元级产业集群3个（网络与通信、超高清视频、智能终端），百亿元级产业集群7个（半导体与集成电路、现代时尚、安全节能环保、新材料、新能源、数字创意、软件与信息服务）。全区现有规上工业企业2409家、国家级专精特新“小巨人”企业81家，上市企业44家，华为、比亚迪集团入选世界500强企业（《“中国工业第一区”何以持续领跑？——龙岗坚持产业立区大胆探索新型工业化发展路径》《深圳特区报》2023年12月8日）。

在做好专精特新企业培育工作方面，龙岗区采取了“政策精准、梯度培育、数字赋能、服务保障”四项措施。2022年，龙岗区制定《深圳市龙岗区企业服务行动方案（2022—2025年）》，建立分级分类跟踪服务机制，统筹协调解决处于不同阶段进程的企业面临的困难和问题；编制了《龙岗区支持产业发展若干措施》，在全区开创性地整合各类产业扶持政策，实现“全区政策一文读懂、扶持标准一文说清”。从完善体制机制、构建培育体系、全方位赋能企业、提升政务服务水平、保障措施等5个方面提出22条具体措施。推进“萌芽”“苗圃”“火种”“灯塔”“春笋”“领航”六大培育计划，推动“个转企”“小升规”“规作精”“优上市”，培育国高企业和大型骨干企业。以高质量企业服务助力企业高质量发展，全力推动经济稳增长、提质量。

龙岗区围绕“一芯两核多支点”区域发展战略，聚焦“11+2”战略性新兴产业和未来产业集群，以及“3+4”重点产业发展方向，按照“谋划一批、储备一批、培育一批、提升一批”的工作思路，建立梯次接续、纵深推进的专精特新企业培育机制，取得了良好效果。

光明区根据产业特点突出重点

2022年5月，光明区举办“2022年深圳市专精特新企业培育服务暨光明区专精特新中小企业扶优计划”活动，为企业搭建专精特新企业服务平台。多次举办专精特新“小巨人”企业政策宣讲会，帮助企业了解申报工作的有关政策、认定标准和申报流程等。

光明区陆续出台“8+5”产业集群专项政策、“1151”产业空间政策，以及制造业、科技金融、软件与信息服务业等行业发展支持政策，设立光明科学城母基金、光明区政府投资引导基金等重大产业基金，构建企业服务“1+N”体系，打造“光明店小二”企服品牌，开展一系列供需对接活动，取得了良好的效果。

光明区根据本区产业特点突出扶持重点。2022 年 8 月，光明区印发《深圳市光明区关于支持脑科学与类脑智能创新链产业链融合发展的若干措施》，对初次被认定为国家级专精特新“小巨人”企业的合成生物企业和脑科学与类脑智能企业，给予 200 万元奖励。

福田区培育工作打好四张牌

在 2022 年全国 GDP 十强区中，福田区排名第三，GDP 为 5514.49 亿元。福田区的创业密度位居全国第一，2022 年上市主体达 55.2 万家，市级总部企业占全市的 1/3，形成了大企业“顶天立地”、中小企业“铺天盖地”的发展格局。

福田区在做好培育专精特新“小巨人”企业工作中注意打好四张牌。

一是政策牌。政府为企业开展“送政策、送服务、解难题”活动，确保企业实际申报“零障碍”，并为此专门编写了一本《惠企政策汇编》，保证政策宣传到位。

二是活动牌。开展“我为‘专精特新’企业办实事”系列品牌活动，推出“申报辅导”“专家优化”“融资对接”“标杆学习”等若干类特色主题活动，为企业提能力、拓渠道、亮品牌，助力“专精特新”企业发展。

三是平台牌。充分利用福田金融产业优势，利用好金融平台。鼓励金融机构与“专精特新”中小企业供需对接、提供金融服务方案、专属信贷产品。鼓励行业协会等第三方专业机构，开展“专精特新”企业联谊会等帮助企业。

四是服务牌。优先将“专精特新”企业列为领导挂点服务对象，建设一支专精特新企业培育服务队伍，提供一对一“订单式”服务。先后推出“万名干部助企行”“我帮企业找市场”“我帮企业找资金”等系列服务举措。福田区打出四张牌取得了良好效果，让福田区的专精特新企业培育工作出现了好形势。（以上资料来源：深圳市中小企业发展促进会2023年企业调研报告：《用心用情用力支持民营经济发展壮大——各区出台产业扶持政策营造优质营商环境》，《深圳商报》2023年7月31日）

截至2023年8月，深圳市总共有国家级专精特新“小巨人”企业742家。各区数量如下（按数量多少排序）：

区	数量（家）	所占比例（%）
南山区	226	30.05
宝安区	211	28.06
龙华区	89	11.84
龙岗区	83	11.04
光明区	58	7.71
福田区	44	5.85
坪山区	24	3.19
罗湖区	8	1.06
大鹏新区	5	0.66
盐田区	3	0.40
深汕特别合作区	1	0.13

资料来源：深圳市中小企业发展促进会，2023年8月14日。

※ 2017 年，第五届深圳市自主创新百强中小企业颁奖盛典。摄影 段亚兵

深圳专精特新“小巨人”企业“井喷”的原因

一是好的政策环境造就了深圳实力雄厚的战略性新兴产业。

深圳在 21 世纪头 10 年中，确定了高新技术产业、现代物流产业、金融业和文化创意产业“四大支柱”产业。

2010 年 11 月国务院下发《国务院关于加快培育和发展战略性新兴产业的决定》，要求国家在节能环保、新一代信息技术、生物、高端装备制造、新能源、新材料、新能源汽车七大产业，用 20 年时间达到世界先进水平。据此，深圳调整自己的产业发展重点，将新一代信息技术产业、互联网产业、新材料产业、生物产业、新能源产业、节能环保产业和文化创意产业作为深圳的七大战略性新兴产业。

2015 年 5 月国务院印发了《中国制造 2025》，部署全面推进实施制造强国战略第一个十年行动纲领。深圳据此也确定了“未来产业”的 6 个领域：生命健康产业、海洋产业、航空航天产业、机器人产业、可穿戴设备产业、智能装备产业。

2022年6月，深圳根据新的发展形势，出台《关于发展壮大战略性新兴产业集群和培育发展未来产业的意见》重要政策文件，提出培育发展壮大“20+8”产业集群，即发展以先进制造业为主体的20个战略性新兴产业集群，前瞻布局8大未来产业，加强建设具有全球影响力的科技和产业创新高地。深圳“20+8”产业集群的具体内容如下。

20个产业集群是网络与通信、半导体与集成电路、超高清视频显示、智能终端、智能传感器、软件与信息服务、数字创意、现代时尚、工业母机、智能机器人、激光与增材制造、精密仪器设备、新能源、安全节能环保、智能网联汽车、新材料、高端医疗器械、生物医药、大健康、海洋产业。8大未来产业包括合成生物、区块链、细胞与基因、空天技术、脑科学与类脑智能、深地深海、可见光通行与光计算、量子信息。

在此基础上，深圳进一步提出推进新型工业化新目标：到2025年，打造形成4个万亿元级、4个五千亿元级产业群和一批千亿元级产业集群，基本建成全球领先的重要的先进制造业中心；到2035年，建成全球领先的重要的先进制造业中心（记者徐松《深圳：加快推进新型工业化，高质量建设制造强市》，《深圳特区报》2023年11月28日）。

由于深圳市委、市政府长期的政策支持和引导，深圳呈现中小企业井喷的局面，也加快了深圳中小企业朝着战略性新兴产业、高新技术产业转型升级的步伐。

深圳成为全国城市中商事主体登记数量最多的城市。2018年深圳有305万户商事主体，其中企业为193万余家，近190万家为中小企业，占比高达98%。无论是单位土地面积上的企业数量，还是人均拥有企业数量，深圳均居全国大中城市前列。虽然经历新冠疫情，但2019—2021年商事主体数量仍在快速增长。2019年为327.7万户，2020年为

358.6 万户，2021 年为 380.4 万户，市场主体活跃度达 75.8%，商事主体总量和创业密度继续稳居全国第一位。商事主体数量多，说明企业家愿意到深圳开业、经营，说明深圳的营商环境好。

※ 深圳组成专精特新展团参加澳门科技展。摄影　段亚兵

不仅如此，深圳企业不断进行技术升级，成为技术创新的主体，形成了“6 个 90%”的技术创新格局：90% 以上的研发机构设立在企业、90% 以上的研发人员集中在企业、90% 以上的研发资金来源于企业、90% 以上的职务发明专利出自企业、90% 以上的创新型企业是本土企业、90% 以上的重大科技项目由龙头企业承担。深圳的“6 个 90%”说明深圳企业积极研发新技术的热情和重要作用。世界知识产权组织（WIPO）发布的《2021 年全球创新指数报告》显示，深圳—香港—广州科技集群综合实力位列全球第二。

深圳长期对中小民营企业提供的政策支持，使得企业从小到大不断发展壮大，开花结果。2023 年《财富》世界 500 强企业排行榜中，中国（含香港、台湾地区）有 145 家企业入榜，深圳有 10 家企业入榜，其中 8 家为民营公司。入榜企业数量排名全国第三（北京 54 家，上海 12 家）。深企名单如下：中国平安保险（集团）股份有限公司（榜单中排名第 25 位，下同）、正威国际集团有限公司（76）、华为投资控股有限公司（96）、腾讯控股有限公司（121）、招商银行股份有限公司（174）、万科企业股份有限公司（178）、中国电子信息产业集团有限公司（324）、深圳市投资控股有限公司（372）、比亚迪股份有限公司（436）、顺丰控股股份有限公司（441）。

二是政府加强了对专精特新“小巨人”企业的培育管理工作。

深圳是从一张白纸上发展起来的，既没有大型企业，也没有国家级、省级的科研机构和大学，只能从“三来一补”起步，在小微企业的基础上发展。同时也因为深圳企业最先在市场经济的激烈竞争中打拼，中小企业更加注重在技术研究、产业升级、打造品牌、生产优质产品方面下功夫。中小企业竞争激烈，你追我赶，是深圳经济发展始终充满活力的关键。这既是深圳发展的基础，也是深圳发展的长项，因此深圳始终重视中小企业的发展，积极响应工信部专精特新中小企业梯度培育管理计划。

2022 年 4 月 8 日深圳市政府下发的《关于加快培育壮大市场主体的实施意见》中，提出的工作目标是：到2025年以前，国家专精特新“小巨人”企业超过 600 家，国家制造业单项冠军达到 80 家以上。

2022 年 9 月，深圳市下发了《关于促进专精特新企业高质量发展的若干措施（征求意见稿）》，从财税支持、企业融资、研发创新、人才培育、数字化转型、质量品牌、市场开拓、产业空间、精准服务 9 个方面，提出了既系统全面又精准具体的扶持政策。

市政府具体负责这项工作的机构是深圳市工信局及市中小企业服务局。两级局领导按照市领导的要求，积极制定规划，部署工作，抓好落实，采取有力措施，使这项工作取得了良好的成绩。

吕哲（深圳市工信局党组成员、市中小企业服务局局长）说：“深圳市政府将在‘促增量’和‘提质量’两方面发力，引导更多中小企业走专精特新发展之路。在扩增量方面，打造‘个转企、小升规、规做精、精上市、市做强’这样一个全生命周期的企业服务和培育体系；在提质量方面，积极通过梯度培育体系来打造企业高质量发展的培育库，制定了创新型中小企业、专精特新企业和专精特新‘小巨人’企业三个梯度的培育模式，我们针对每一个梯度的企业，都制定了相应的政策，来扶持它们向上一梯度高质量发展。”（市工业和信息化局：《“星耀鹏城”助企发展》，《政企通》（第四期）2023 年 8 月 9 日）

三是政府给予“真金白银”的扶持。

2021 年 2 月 26 日深圳市政府下发了《关于推动制造业高质量发展 坚定不移打造制造强市的若干措施》，提出“牢牢把握粤港澳大湾区、深圳先行示范区‘双区’建设和实施深圳综合改革试点重大历史机遇……打造制造业高质量发展的深圳样本”的目标。文件规定对国家专精特新“小巨人”企业，给予最高 50 万元奖励；对省级专精特新企业，给予最高 20 万元奖励。

2022 年 4 月 8 日深圳市政府《关于加快培育壮大市场主体的实施意见文件》中规定入选市级创新型中小企业的，奖励 10 万元。在全国各城市中，深圳的奖励数额属于中等水平。

而对于继续升级、达到更高层次的企业将给予更高数额的奖金：“深圳建立‘单项冠军’企业培育库，对获得国家‘单项冠军’示范企业和‘单项冠军’产品称号的，分别给予 300 万元和 200 万元的一次性奖励；对获得市级‘单项冠军企业’和‘单项冠军产品’称号的，分别给予 200 万元和 100 万元的一次性奖励。”

政府还积极引导银行、金融机构向中小企业提供资金支持。据吕哲局长在深圳市纪委、市监察局和深圳广电集团共同主办的《民心桥》节目中介绍的情况，金融资金方面对中小企业的支持有以下几项：一是深圳的商业银行，对国家级的专精特新“小巨人”企业可以提供最高 5000 万元的免抵押信用贷款；对省级、市级的专精特新企业可以提供

1000万元的信用贷款；对创新型中小企业可以提供500万元的纯信用贷款。二是提供风险投资、基金方面的融资支持。政府正在建立专精特新基金。市工业和信息化局管理着13支基金，可以投早投小，帮助企业解决发展中资金的困难，形成“市场+政策+工作”的合力，推动专精特新企业高质量发展。三是市中小企业服务局成立了“我为企业找市场”工作专班，组织专精特新企业参加各类展会，大力推动应用场景开放，促进专精特新企业创新产品适配应用，帮助企业获订单、增效益、成效显著（《如何走“专精特新”发展道路?》深i企平台，2023年7月14日）。

※ 在“2021年专精特新企业发展论坛”，深圳中小企业发展促进会执行会长孙利发言。摄影 段亚兵

四是发挥社会组织的作用。

深圳中小企业发展促进会成立于1999年，始终以全面服务中小企业为宗旨，20多年里为促进中小企业发展作出了贡献。先后被民政部评为全国先进社会组织，荣获国家“中小企业创新服务先进单位”“优秀地方协会”等称号。

多年来，促进会组织深圳中小企业，组成“深圳展团”到全世界参加各种洽谈会、展览会，都取得了丰硕成果。尤其是在号称“世界第一工业展”的汉诺威工业博览会、号称“全球第一太阳能展”的慕尼黑太阳能展等国际名展上，深圳展团都有出色表现。

2022年深圳市中小企业服务局加大了全市培育和上报专精特新“小巨人”企业工作的力度。受市中小企业服务局、南山区工信局、福田区工信局、光明区工信局等相关政府部门委托，深圳中小企业发展促进会深度参与了优质中小企业梯度培育和服务工作。

深圳中小企业发展促进会承担起这项任务后，满腔热情做好工作，开展对专精特新中小企业工作的宣传和培训工作；深入企业调研，了解情况，摸索方法，发现典型；与各个新闻媒体单位合作宣传专精特新中小企业的事迹和经验，取得了良好效果。2022 年和 2023 年深圳国家级专精特新“小巨人”企业数量之所以出现井喷现象，与深圳中小企业发展促进会做好深入细致的工作是分不开的。2023 年深圳共有 310 家企业入选国家级专精特新“小巨人”企业，其中由深圳中小企业发展促进会参与培育的企业就有 152 家，约占全市总数的一半。

※ 深圳中小企业发展促进会举办 2023 年“深圳市专精特新企业发展论坛暨第七届深圳市自主创新百强中小企业颁奖盛典”。摄影　段亚兵

第一篇　术业专攻

何谓专业化

中国古代关于“专”的概念产生得很早。早在商代甲骨文中就出现了最早的“专”字。其古字字形像是手摇动着纺锤，推想该字的本义是转动。通过转动纺锤，将分散的丝絮组成为一束丝线，由此引申出专注、专一的含义。

由此可知，将无序变成有序，才有用；零散变成专一，才有价值。专注才能做事，专业才能高效。这是古人作业、做事经验的总结。

韩愈《师说》文中说的“闻道有先后，术业有专攻”一句话影响很大。随着社会的发展，一定会出现“术业专攻”的现象，只有专攻，才能出现熟手、工匠、专家，工作效率随之提高，有利于社会的发展进步。

从历史经验看，专业化是社会分工的结果。人类发展史上，生产力和生产方式不断发生变化。从采集 / 狩猎，到种植业，再到工业，劳动分工的范围越来越大、行业的分工越来越细。专业化意味着生产效率越来越高，专业化是人类生产力和生产方式进步的表现。

工信部的专精特新中小企业培育计划中，将“专”列为第一很有道理。在专业化方面，工信部的要求是：企业长期专注并深耕于产业链某一环节或某一产品；企业从事特定细分市场时间达到 3 年以上，主营业务收入总额占营业收入总额比重不低于 70%，近 2 年主营业务收入平均增长率不低于 5%。

宋昆鸿

乐凡信息："红色小巨人"是怎样炼成的？

深圳市乐凡信息科技有限公司（简称"乐凡信息"或"乐凡"）拥有一个响亮的标签——"红色小巨人"。这一"名号"非同寻常，由于企业党建和业务成绩突出，乐凡被南山区委组织部树立为"党建引领企业高质量发展"的一个标杆。再者，乐凡深耕国家信息技术应用创新(简称"信创")赛道，是助力国家解决技术"卡脖子"难题的参与者；在国家"六基"领域中，乐凡专注"信息安全"领域；在深圳的"20+8"产业集群中，被归类为"智能终端"和"软件与信息服务"产业集群。2022年，乐凡公司被评为国家级专精特新"小巨人"企业。

立志创业，在深圳热土上成长

宋昆鸿出生于军人家庭，从小在军营大院中长大。父辈的言谈举止深深影响了他，在他的性格中注入了军人的坚毅品质，这成为他后来选择人生道路、勇于创业的强劲动力。

2000年，宋昆鸿大学毕业。初入职场时，他先后在银行和中国远洋公司等国有企业工作，拥有稳定的职业和不俗的收入，让人羡慕不已。然而，他不愿意过这种平稳的日子，认为人生应该像父辈的军人生涯一样，在艰苦中磨炼，在壮烈中赢得荣光。鉴于和平年代没有这种机会，他决定投身经济战场，选择创业。他认为这样的人生更有挑战和意义，能够为国家作出更大的贡献。

2009 年，宋昆鸿在广州建立了乐凡创业团队，决定将公司的研发生产重心放在平板电脑上。选择平板电脑这一产品是基于当时市场上的消费趋势，该产品利润丰厚，竞争对手较少，对创业而言相对利好。乐凡采用了英特尔芯片和微软操作系统，一流的硬件和软件确保了乐凡产品的高质量，给用户提供了卓越的体验。由于市场营销策略得当，产品销量迅速全国领先，乐凡公司成为国内 Windows 平板电脑市场的龙头企业。正当宋昆鸿踌躇满志，准备争取更大成绩时，危机悄然而至。

一天，宋昆鸿突然收到与其合作的平板电脑厂家的邮件，对方宣称终止合同，同时取消了乐凡的总代理资格。对于一个小公司来说，这无疑是釜底抽薪，一举断了发展之路。这当头一棒把宋昆鸿打懵了，他先是因对方的背信弃义而愤怒，接着陷入前途渺茫的绝望中。

企业正走在创业中途，该怎么抉择？难道只能放弃？宋昆鸿明白，人可以失败，但不能轻易被打倒！在最困难的时候，他想起父亲讲的红军故事，当年红军能够杀出一条血路，靠的是“枪杆子里面出政权”。红军靠枪杆子打出胜利，企业同样需要有自己的“枪杆子”——拥有独立的知识产权。于是，乐凡选择走上自主研发、攻坚克难的道路。相较于销售业务，“技术攀登”是一条更为艰难的道路，但必须咬紧牙走下去。只有坚持自主创新，才能拥有自己的知识产权；通过不断创新，企业才能保持核心竞争优势，更好地立足并驰骋于市场，乐凡也因此掌握了自己的命运。

维护国家信息安全，民营企业有责

乐凡虽然决定迈入自主创新道路，但在选择研发的细分行业时，也面临着一个艰难的抉择。最终，乐凡经过多重考虑，选择国家信息安全细分赛道，将“双百”国产化技术作为主攻方向。

宋昆鸿接受采访时，道出了当时他作这个决定时忐忑不安的心情。他说：“公司好比是一条航行在茫茫大海上的舰船，而我是引航员、掌舵人，所以必须为公司选择正确的航线。当时我想起了上大学时老师曾讲过一句话：‘选择方向比努力工作更重要。’如果方向选错了，跑得越快，离目标就会越远。如果决策错了，不仅会让大家的努力白费，更危险的是可能会把公司引向绝境。我的选择直接关系到全体员工未来的命运，压力确实非常大啊！”然而，宋昆鸿必须做出选择。天下兴亡，匹夫有责。企业虽小，却肩负为国家分忧的责任；自己是一名共产党员，更要起带头作用。后来国际形势的变化，充分证明了宋昆鸿当初的选择是正确的。

迈入 21 世纪第二个 10 年时，中国的外部发展环境变得极为严峻。一系列事件让国人清醒起来。2013 年，美国发生的斯诺登棱镜门事件，让世界各国认识到信息安全是国家安全的关键；2018 年和 2020 年，美国先后对中国最重要的信息通信技术企业中兴通讯和华为进行打压和封杀；2018 年至今，美国连续对中国发起了贸易战、科技战和舆论战，将两国关系推至谷底。

这一系列事件让人们深刻认识到，美国为了维持自身霸权地位，已对中国启动全面技术封锁。在如此严峻的形势下，中国政府迅速采取应对措施，提出发展“信创”产业，力争在计算机信息技术等软硬件方面摆脱对国外依赖，逐步实现国产替代。“信创”产业分为基础硬件、基础软件、应用软件、信息安全等领域；行业涉及“2+8+N”，其中的“2”是指党政机关，“8”包括金融、医院、教育等行业，“N”指全行业范围。乐凡技术属于信息安全领域。在国家安全面临威胁的时刻，乐凡坚定选择了国产替代自主创新道路，立志维护国家信息安全自主可控。

但当乐凡开始投入基础技术研发时，市场上一些公司也纷纷进入这个领域谋求发展。基础技术研究是一条艰难的道路，投入大、周期长、见效慢、效益低，这导致一些同行无法坚持下去，陆续退出了这条激烈的赛道。当时，许多企业想做短线生意，追逐赚快钱，采取“复制+粘贴”的拿来主义经营方式。他们选择一个成熟的技术方案，对其中一些功能做一些简单修改，就变成了“自己的产品”，贴上自己的品牌卖出去。这种方式看似见效快、省力，且能快速获利，被当时的许多公司作为“经营之道”。

相比之下，乐凡做基础技术研究则是一种费大力气、下苦功夫、耗费时日且效果不明显的“慢功夫”。研发人员都有体会，攻克技术难点是一个很艰难，有时甚至痛苦的过程。客户使用乐凡公司的产品，可能感觉不够流畅，有时甚至遇到卡顿问题；尽管乐凡的技术人员跟踪服务、及时解决问题、不断改进技术，但有些客户很不耐烦，总想重新使用外国产品。一段时间里，乐凡的产品很难打开市场，公司经营面临着极大困难。

面对困难，宋昆鸿坚守初心、毫不动摇。那段时间里，宋昆鸿亲身经历了几件事，给了他更加深刻的启示。一次他前往广州一家具有军方背景的科研所，所领导说急需国产的某产品，问他有没有供货渠道，有多少要多少。宋昆鸿一听表示可以引荐一家非常不错的企业，所领导苦笑一声说，找过他们，但被明确告知他们的产品不能卖给中国军方，理由是担心影响产品在国际市场的销售。

还有一次，宋昆鸿听到一位负责采购的军官讲了这样一件事，某家科技公司研发制造的产品驰名海内外，采购军官提出去这家公司参观学习，以更深入了解其产品。尽管公司表示欢迎，但提出一个特殊的要求：来参观时不能穿军装。据悉，这一要求源于该公司担心受到美国政府的威胁，担心军人出现在公司的展览厅可能引发不必要的麻烦。

宋昆鸿作为一名企业家，尽管可以理解企业由于销售方面面临的压力，甚至受到企业生存威胁而采取的一些防备措施，但作为一名中国企业家、作为一名中共党员，他深感耻辱。中国企业不愿将自主研发的芯片供应给国家军队使用，以及对中国军人参观时不穿军装的要求……这样的行为在中国发生实在让人匪夷所思，这些中国企业为了商业利益，甚至不惜牺牲国格人格，受制于他人技术的局面竟然导致它们做出如此屈辱的选择。

这些让宋昆鸿受刺激的经历，反而点燃了他的斗志。他下定决心，不管面临多大困难，不管付出多大的代价，都一定要在自主创新道路上一走到底，就算牺牲一切也毫不犹豫。正因为有这种坚定的决心和追求，虽然公司在一段时间里经营困难重重，但他从不动摇，内心拥有坚持下去的强大精神力量。在他的带领和鼓励下，公司员工保持着十足的信心和不竭的干劲，终于等到云开雾散，出现雨后彩虹，迎来了行业大发展时期。

基础技术研发是从 0 到 1 的探索，是最难迈过的关口。乐凡的技术团队经过夜以继日地攻克难关，最终成功拥有了自己的核心技术。谈起研究中遇到的困难，宋昆鸿几度哽咽，他表示："太难了，好像唐僧西天取经，经历了九九八十一难。在原创技术研究中，前路一片黑暗，必须靠自己摸索前进。技术研发没有捷径可走，完全靠一点一点试错。做一百次试验，或许中间只有一次成功，但能把这一次的成功方法记录下来——这就是原创技术的发明……"

顺着这条道路走下去，山重水复，柳暗花明，宋昆鸿发现出现了一片广阔的蓝海。几年里，乐凡年均复合增长率达到 40%—50%，成功进入了高速成长的快车道。在新的赛道上，公司的技术水平不断提高，产品的性能越来越好，客户对乐凡产品的信心也与日俱增。宋昆鸿欣慰地对自己说："当初做出的决策做对了！我终于能够睡个好觉了。"

虽然乐凡规模较小，但其在技术研发方面的努力具有深远意义，解决了"信创"国产替代关键技术"卡脖子"难题；在基础软件产业链上"填空白""补短板"，为维护国家信息安全贡献了自己的力量。

建立让员工有事业自豪感的企业文化

2022年，乐凡被工信部认定为第四批国家级专精特新"小巨人"企业。这件事在行业内引起了不小的轰动。乐凡公司规模不算大，公司仅有几十人，年经营收入也只有数千万元。与之相比，许多规模庞大得多的企业，努力多年却未能入选。听到乐凡成为国家级"小巨人"企业消息后，一些人不相信、不服气，甚至提出了质疑："乐凡凭什么评上？"

针对这个质疑，宋昆鸿回答："凭技术。技术是怎么来的呢？凭资金、凭人才，相比之下人才更重要。有资金不一定能吸引人才，但有了人才，就能研发出新技术，最终企业就能获利。乐凡的创始股东有3人，其中一人在公司最困难的时候离开了。这对公司士气打击挺大的，让我感觉坚持是一件很痛苦的事情。"大企业吸引人才容易得多，品牌效应强，工作条件好，工资收入高，可以用重金吸引人才，招人相对容易。而小企业不具备这些条件，那么凭什么吸引人才呢？

按照宋昆鸿的总结，乐凡吸引人才经历了三个阶段："感情留人、制度留人、以文化人"。

第一阶段，企业创业、规模较小时，主要靠的是家人般的关怀。企业就像一个家庭，而宋昆鸿扮演着家长的角色。对员工们的管理，更像是对兄弟姐妹的关怀照顾，通过情感吸引员工并留住他们，这可以说成是一种人治。第二阶段，企业规模扩大了，企业管理者与员工之间的接触，不再像小企业时那么亲密无间，这时就需要建立各种制度，如考勤制度、奖惩制度、签订协约等，通过制度管理和约束员工。第三阶段，企业慢慢形成了自己的企业文化，在企业管理中发挥越来越重要的作用，这就是“文治”——以文化人了。通过这三个阶段，乐凡成功地在不同阶段吸引和留住了关键的人才，为其在行业的突出表现奠定了基础。

就乐凡的企业文化而言，有几个突出的特点。其中之一是，管理者以身作则、起表率带头作用。宋昆鸿强调：“想让员工做到的，老板自己首先要做到。”宋昆鸿积极营造集体上进的风气，他以自己的爱好——长跑为例讲解，“要培养出员工们都喜欢跑步的氛围。当大家集体跑步时，有人原地不动或者跑得慢，就很显眼，甚至有点跌份。但大家会鼓励他，帮助那些跑得慢的人，带动他一起跑，形成了一个集体带动个人、先进带领后进、集体向上的风气。”

乐凡最突出的特点是对党建工作的高度重视。实际上，有些民营企业家对在企业中设立党组织有一些抵触情绪，担心党建工作影响企业的正常经营。然而，宋昆鸿却持不同态度，他积极抓好党建，让企业有了主心骨，促进了企业文化的建设，对企业经营发挥了良好的作用。

宋昆鸿虽然年仅四十，却是一个有 20 多年党龄的老党员，区委有关部门批准成立“产业链党委”，选出 5 名企业家任党委委员，宋昆鸿是其中一位。由于党建工作做得出色，宋昆鸿于 2023 年获得深圳市积极支持党建工作企业家、深圳市非公党委积极支持党建工作企业家（出资人）等荣誉。在他的领导下，乐凡的企业党建和业务取得了显著的成绩，成为党建引导中小民营企业高质量发展的标杆之一，“红色小巨人”的党建品牌标签也越来越被人熟知。

“红色小巨人”不负众望。在乐凡公司新扩大的写字楼科研室、南山区“专精特新”企业书记工作室的展厅里，四面墙上详尽展现了乐凡“专精特新”发展历程、党建成果和创新文化。笔者慕名再次来到公司参观，展墙上一组“红蓝线”特别引起了笔者的兴趣。宋昆鸿亲自讲解，红线代表“党建”，蓝线代表“专精特新”。这种形象化的展示方式凸显了党建工作与“专精特新”发展的密切关系。企业文化的核心理念清晰体现，红色象征着党建，展示着党建工作的红色血脉、赋能和堡垒作用；蓝色象征着“专精特新”，突出了企业的专业化、精细化、特色化及新颖化的特点。在党建和业务双促双融下，乐凡迎来高速发展，除了被认定为国家级专精特新“小巨人”企业、国家级高新技术企业，还获得了深圳市自主创新百强中小企业、行业领袖百强企业和高质量发展领军企业等众多重磅荣誉，企业影响力不断扩大。

时至今日，乐凡已经通过党建引领取得了一定的行业成就，成为细分领域的领跑者，并响应党和国家“共同富裕”的号召目标，立志用最大力量回馈社会。受组织信任，2022年，在南山区组织部和高新区党委的指导下，宋昆鸿承接了首家“专精特新”企业书记工作室的建设任务，希望以党建引领高质量发展的成功经验，助力深圳孵化更多专精特新“小巨人”企业。成立南山区“专精特新”企业书记工作室以来，乐凡团队开展了20余期“行走的党课”、惠企政策宣讲，“一对一”申报诊断会，帮助数十家企业成功申报并被认定为市专精特新企业；在第五批国家级专精特新“小巨人”企业培育工作中，助力31家企业成功上榜“小巨人”。乐凡“红色小巨人”的成功经验在全国产生了影响，全国很多地方的党委组织部门组织民营企业到乐凡公司参观，企业家们认为乐凡公司的做法很有启发性，表示要将乐凡“红色小巨人”经验带回去，使之在当地开花结果。

宋昆鸿表示，“红色小巨人”是对乐凡目前最好的定位。乐凡生长于深圳，未来也将深深扎根在这片土地上，引领更多企业走“专精特新”高质量发展之路，不断壮大国产替代道路的“同行者”，投身为国家产业链关键环节“填空白，补短板”的伟大事业中，共同助力深圳经济腾飞，用高质量发展续写新的辉煌篇章。

刘正华

深圳市橙子数字科技有限公司
ShenZhen Orange Digital Technology Co.,Ltd.
感党恩
听党话
跟党走

橙子数字：让影视世界变得更清晰

深圳市橙子数字科技有限公司（简称“橙子数字”）是一家智能投影设备的研发制造商。在国家“六基”领域中属于“核心基础零部件”领域；在深圳的“20+8”产业集群中，归类为“智能终端”产业集群。2023 年通过深圳市专精特新中小企业认定。2023 年被评为深圳市自主创新百强中小企业。

“大眼橙”颠覆了影视播放形式

有一次笔者跟随深圳中小企业发展促进会孙利会长到该公司调研，董事长刘正华亲自接待并讲解产品。

在公司的产品陈列室里，摆满了大大小小各种各样的智能投影机，刘正华介绍产品并亲自操作演示。一时间，眼前的屏幕上出现了丰富多彩的光影世界。科幻片的奇幻景色，风光片的空灵美景，武打片刺向眼前的刀尖锋刃，战争片坦克大炮的金属质感，体育片中的滑水运动员傲立潮头，灾难片中天崩地塌的惨状……尤其是大自然的风光片更显示出了智能投影机的长处，山峰险峻，大漠落日，长河横流，原野叠翠；高山飞瀑水珠飞溅，漫天大雪鹅毛轻飘，动物毛发纤毫毕现，昆虫飞舞蝉翼透亮。高亮度、高还原的画面，极清晰、极逼真的图像，一下子把我们带进高度真实的光影世界。

光影如此艳丽，声音也很出色。虽然播放投影的房间是一间普通的会议室，但是智能投影设备配置的杜比环绕式系统让我们听到了电影院里的声响效果。“太棒了!”客人们禁不住发出赞叹声。作为极喜欢在电影院看好莱坞大片的电影发烧友，笔者原来以为，从技术表现上投影与电影有云泥之别。但是，眼前的投影却颠覆了我原来的印象，尤其是在看3D影片时，其场面的宏大、光影的艳丽、细节的清晰、音效的丰富，让我有了在 IMAX 大影院看影片的感觉。

影片、音响的效果真不错，但片源怎么来呢？刘正华介绍，橙子数字与腾讯、爱奇艺、优酷等公司合作，它们能够提供海量的影视资料，想看什么就看什么，想唱歌有高保真的 K 歌设备，想玩游戏也有各种新奇的游戏节目。一套设备在手，可以享受到丰富的作品，不怕找不到片源，只怕不知道想看什么。作为一个电影发烧友，笔者在为这种智能投影机感到高兴时，却又产生一种担心：有了这种应有尽有、效果极佳的智能投影机，人们会不会整天把时间花在看影片和玩游戏中不能自拔，而影响了干正事呢？虽有担心，但也不能因噎废食，而应该用积极的兴趣导向和规范行业管理的措施来解决这一矛盾。

接着，刘董事长带领我们参观公司的各个实验室，有光学实验室、声学实验室、可靠性实验室、结构实验室、硬件实验室等。这些实验室面积不大，人员也不算多，但是非常专业。就是这些实验室保证了智能投影机各种技术指标的实现，让产品功能更丰富、声光电性能更好、质量更稳定。公司已经拥有 100 多项知识产权认证与多项专利技术。

经过多年坚持不懈的努力，公司的智能投影机已经成为行业内的顶级产品，“大眼橙”品牌已经成为享誉全国的知名品牌。公司热销、得奖产品的名单可以列得很长：H1 小黄人投影仪是行业的第一款 IP 投影仪，便携投影清晰影院荣获中国金星奖、环球品牌最佳创意奖；H3 轻薄投影机是一台优质的家庭娱乐影院，荣获德国红点和 iF 大奖；M3 便携投影是入门级的便携移动影院；X11 变焦投影是客厅首选旗舰级投影机，获得美国 IDEA 工业设计大奖；New X7D 是一款轻预算卧室影院；X20 是家庭游戏影音新产品；V2 投影机获得金点设计奖和“深圳礼物”称号；“X7D Pro 自研光机 0.47”DM 轻薄旗舰投影，荣获德国红点大奖等。品种繁多的投影产品，能够满足消费者各种不同需求，赢得了良好口碑。

助人为乐，成就自己

看到这么好的产品，大家自然会对产品是怎么研发出来的感兴趣，更对产品后面的人感觉好奇。于是，在不断询问下，刘正华讲述了自己创业的故事。

刘正华创办橙子数字是在 2018 年。当时他是阿里巴巴公司硬件产品总监，负责与电视机顶盒有关的产品。早在 2013 年他就带领团队研发出了“天猫魔盒”产品，大受消费者欢迎，4 年里销售了 1200 万台，成为网红产品，引领了从电视机顶盒到互联网播放终端的技术潮流。

没想到 2017 年商场风云突变。由于市场宏观管理、智能电视兴起等原因天猫魔盒的销量受到严重影响。“天猫魔盒”团队亟须另找出路。刘正华根据自己对市场的判断，提出可以研发、销售智能投影产品。但是当时这类产品的市场并不大，预计全国年销售量也就是 20 万台左右。相较天猫魔盒每年几百万台的销量，这点销量最多是餐前小点，算不上正点大餐。因此，公司没有批准上这个项目。刘正华对此却心有不甘。他试着联系厂家，询问是否有兴趣代工，有一家工厂老板看好这个产品，垫资生产了名为“天猫魔屏”的一批产品。

但出手运气不佳，由于当时市场管控等原因，天猫魔屏产品从电商平台下架半年，结果出现了货品大量积压的糟糕情况。走投无路的老板找到刘正华投诉，但他爱莫能助，因为他调整了岗位，不再负责这项业务。就算刘正华愿意出手帮忙，但是按照公司的有关制度，这种“捞过界”的行为是违规的。

刘正华说明了公司的规定和自己的难处，希望老板能够理解。但是老板满面愁云地说：“理解是理解，但是工厂为做这批产品负债几千万元。要是解决不了这个问题，公司会破产，相信阿里也会受到牵连……”

老板的话触动了刘正华心窝中最柔软的地方。山东人的豪气油然而生，他决定无论如何都要设法帮助老板渡过难关。其实，他并不担心智能投影机的市场潜力。在很长一段时间里，他反复考虑论证过这个产品，认为智能投影机代表着行业未来的发展方向，一旦市场成熟，其前途无可限量。然而，天上不会掉馅饼，小树苗需要培育才能长大，市场是要靠企业家去创造和引领的。

只是眼下如何做呢？在阿里巴巴内部应该没有办法解决；看来只有一条路可走：自己创业，开拓市场，勇闯天下。但这意味着要离开阿里巴巴平台，对阿里，刘正华服务多年，注入了自己大量的心血，一下子说离开，心中难舍。在坚守阿里巴巴和自己创业上，他一时难以选择。最后还是不忍心看着老板陷于绝境，老板的求助言辞和痛苦促成刘正华下决心创业，这是让天平发生倾斜的一个砝码。

真的开始创业时，刘正华才发现深圳真的是一块适合创业的肥沃土壤。在成立公司的过程中，工商、税务等各个部门都给予了热情的关心和支持，公司注册在南山高新技术园区。公司成立后所开展的第一项业务就是收购原来那家工厂生产的所有产品，这帮助老板彻底摆脱了困境。这些产品不仅成为新公司的第一批销售产品，更重要的是以此为开端，橙子数字走上了一条智能投影机的专业制造业之路。这是一条处处布满荆棘的艰难创业之路，也是一条不断追求技术高峰的攀登之路。

公司为什么起名“橙子数字”呢？如今声名鹊起的“大眼橙”商标又有什么说头呢？笔者问了刘正华这个问题，他答复：“给公司起名时，大家想到了驰名世界的苹果公司。苹果、橙子都是水果，而橙子又被称为维生素C之王。起名橙子数字，是希望以苹果公司为学习的榜样；‘大眼橙’的商标是向其他公司买来的。为什么要买商标？因为天猫商城规定，开店要有一个带‘R’的商标。如果自己申请这个商标资质需要两年时间。当时公司有大量产品压在手里，情况紧急，时不我待。于是选择购买商标。‘大眼橙’与橙子数字公司的理念恰好相符，又是一个生动的形象。圆圆胖胖、色彩明亮的橙子，长着一双萌萌的大眼睛，显得十分可爱。”注册“大眼橙”商标时，又配上了一个英文缩写字母O.B.E，原文的词语是Open Bright Eye，中文的意思是“张开明亮的眼睛”。字母中的小黑点代表着像素，代表“大眼橙”对像素极致的追求，表明公司对高品质投影质量的严格要求。从这句话中可以看出，刘正华既有对产品技术的追求，又有对产品走出去、参与国际市场竞争的自信。

以上说的是触发刘正华创业的一个偶然因素，但实际上他走上创业之路有自己专业经历的充分理由。刘正华老家在山东潍坊市沂山镇，他自幼爱好学习，高考时考上了沈阳工业学院（后改为沈阳理工大学），学习计算机专业。

2002年毕业时，他抱着改变贫穷命运的决心，南下到深圳谋求发展。恰逢深圳第三届高交会隆重开幕，刘正华走进高大明亮的高交会展馆参观，琳琅满目的高新技术产品让他感到激动，更坚定了他在深圳落脚扎根的决心。他挑选展位，给一些单位送上了自己复印好的个人简历表以求职。刘正华感觉到了深圳欢迎创业者的热情，他被深圳同洲视讯公司录用，负责电视机机顶盒的有关业务。就是从这个时候起，刘正华接触到了与影音传输播放有关的业务，开始了自己专业知识储备与工作经验的积累过程。

十几年间，刘正华经历了中国影像数字传输技术迅速发展的过程。最开始做 DVB（Digital Video Disc，中文的意思是“数字视频光盘”），也就是有线数字电视机顶盒，例如天威视讯的机顶盒。接着，中国电信利用自己电信网络的优势，迅速发展 IPTV（Internet Protocol TV，中文的意思是“交互式网络电视”）机顶盒技术，与有线电视开始了激烈竞争。再接着，OTT（Over The Top，中文的意思是“通过互联网向用户提供各种应用服务”）技术又出现了。

新技术层出不穷，令人眼花缭乱。刘正华研究了每种技术，掌握了其复杂的技术奥妙。他看到，短短时间里，机顶盒技术经历了怎样的一场激烈竞争。这是一片红海，竞争者前赴后继，直杀得天昏地暗、“血流成河”。而刘正华在阿里巴巴时主持研发出的“天猫魔盒”，显然是技术先进的优胜产品，取得了不俗的市场业绩。国家有关部门开始出手整顿这种无序的竞争，让市场呈现一种有序竞争的局面。

正是经历的这一场场的技术竞争，让刘正华既积累起了丰富的市场经验，又形成了自己对行业技术发展方向的独特看法。对技术的深刻理解、对市场变幻的亲身体会、丰富的专业经验，成为刘正华下海创业的极宝贵财富。

尽管属于科班出身，但是在激烈的市场竞争和日新月异的技术发展中，刘正华感觉到了自己专业知识储备的不足，于是 2017 年他报读北大汇丰商学院在南山西丽的 EMBA 班，经过两年攻读，于 2019 年拿到了学位证书。经过深造的刘正华，如今不仅是精通专业的工程师，而且懂得了市场经营和企业管理最前沿的知识，成为一名复合型人才。至此，他为自己创业做好了充分的准备。

研究刘正华创业成功的经验，不能忽视与他有关的文化背景。前文说过刘正华家乡在山东沂蒙山区，这里是革命老区，受过解放战争洗礼的乡亲们，有强烈的民族情怀和正义情感；更重要的是这里是孔孟之乡，经过了两千多年中华优秀传统文化的熏陶，崇尚读书，民风朴实。山东人不缺乏与人为善的儒家情怀，也有乐于助人的古道热肠。这一点我们在刘正华身上也能强烈地感受到，他下决心自己创业，就是从真心诚意帮助一家陷入困境的生产厂家开始的。这就应了那句老话：送人玫瑰，手有余香，帮人就是帮自己。仔细想想其中的因果关系，令人有几分感动。

“专精特新”为企业开辟了广阔道路

这几年，工信部启动我国专精特新中小企业培育认定工作。“专精特新”中，橙子数字首先表现出来的是专业化。无论是刘正华个人，还是橙子数字，都始终坚持在影视数字传播行业中默默地耕耘；在技术研发上坚持智能投影机这条赛道不动摇、不偏轨、不松懈，在短时间内取得了很大的成绩。

从技术特色来说，橙子数字掌握了一些独特的技术，从而让公司能够在智能投影机行业中占据制高点。笔者在采访中仔细问过刘正华，公司的技术到底有些什么样的特色，他归纳有以下几点：一是自动对焦。为了对准焦距，老式的投影机可能需要移动投影器。而该智能投影机，只需要移动一下投影就可以清楚对焦。二是自动入幕。老式投影机的放映画面可能与屏幕对不准，或者画面超出了屏幕。该智能投影机能够识别幕布的边缘，自动将画面调整到幕布范围内。三是修正梯形画面。这一功能在卧室比较实用，当智能投影机放在床头柜上时，受摆放角度的影响，会出现梯形画面，设备可以自动修正。四是自动调节镜头温度。老式投影机在播放中，由于光学镜头受热出现热胀冷缩现象，画面会失焦变虚。该智能投影机增加了温度控制功能，避免出现失焦问题。这些都是客户使用中经常遇到的问题，橙子数字的技术人员将解决消费者的痛点作为研发的重点，大受消费者的欢迎。

智能投影机产品中最核心的技术是数字光处理技术（Digital Light Processing，DLP）。DLP 投影系统的核心部件是“数字显微镜装置”，即 DLP 芯片。该芯片技术是美国得州仪器公司拉里·霍恩贝克（Larry Hornbeck）于 1987 年发明的。DLP 芯片至今仍然是世界上最先进的光开关器件，小小芯片上有 200 万个微型显微镜，每个显微镜的大小仅相当于头发丝的 1/5。正是这种超级芯片保证了智能投影机体积虽小却功能齐全，具有良好观看效果。这种芯片技术让我们再次感觉到了中美两国在半导体技术方面的巨大差距。

笔者问刘正华我们有没有可能研发出这种芯片，他回答说，就如今中国的技术而言，想要达到这种集成程度相当困难。尤其是现在的美国挥舞技术“大棒”，联合荷兰 ASML、日本等西方几个半导体设备制造国和企业，对我国进行全面的技术封杀和打压，更是加大了我国在短时间内取得突破的难度。但也有好消息，中国的一些企业(包括橙子数字)开始在选择新技术的突破点，准备另辟蹊径绕开美国芯片技术的封杀。让我们祝福中国企业早日取得成功。

具体谈到专精特新“小巨人”企业的培育认定工作，刘正华说，工信部这项工作抓得好，这是培养我国中小企业健康发展的有力措施。例如，橙子数字经营中曾经在资金方面遇到极大困难。为了让企业活下去，刘正华抵押了个人的住房，贷款维持企业的经营和技术研发。笔者了解到，中小企业“融资难”问题是一个普遍的现象。像刘正华这样卖掉个人房产，或者抵押个人房产让企业活下去，是相当普遍的现象。为了振兴中华的理想而创业，为了发展民族企业而冒风险，为了实现中国的现代化事业而义不容辞，中国中小企业家的创业奋斗精神令人肃然起敬。

在谈到深圳营运环境时，刘正华讲了一件事。2022年4月，受新冠疫情的影响，与橙子数字合作的一家地处江苏昆山的工厂被封门，一些重要零部件发不出来，由此影响了橙子数字的下游生产，眼看着会出现不能向重要客户按时发货的糟糕结果。刘正华急得上火。正在这时，深圳市委常委、统战部部长王强在深圳中小企业发展促进会召开一个企业家座谈会。会上，刘正华表示这件事迫在眉捷。王强当场办公，责成市政府中小企业服务局尽快处理这件事。局领导吕哲安慰刘正华说，可以通过广东省与江苏省之间的疫情紧急协调专线请对方支持解决。中小企业服务局连夜进行协调，很好地解决了问题，最终保证橙子数字能够按时交货。刘正华总结说："深圳的营商环境非常好，公务员们能急公司之所急，帮公司解决实际困难。深圳是中小企业成长的沃土。"

刘正华又讲了一些好消息。橙子数字发展迅速，5年时间里，公司员工从5个人增加到近200人；除了深圳的研发基地外，还在安徽滁州建设制造基地，设立了8条投影仪生产线，员工超过300人。公司累计出货100万台，成为全球最大的DLP投影仪ODM（Original Design Manufacturer，中文的意思是"原始设计制造商"）。公司的客户群覆盖阿里巴巴、腾讯、联想、科大讯飞、优派、美国MIROIR等知名品牌商。

笔者希望橙子数字能够不断地在技术研发上取得突破、更上一层楼，不但是中国智能投影机行业里的顶尖企业，而且能够成为类似于苹果公司一样的世界著名企业。祝愿橙子数字的前景更加美好。

郭丰明 张帆夫妇

科安达：铁路交通高速安全行驶的守护神

深圳科安达电子科技股份有限公司（简称“科安达”）属于铁路轨道交通行业，其主要产品是防雷和轨道计轴设备，在国家“六基”领域中，属于“关键软件”和“产业技术基础”领域；在深圳的“20+8”产业集群中，属于“智能终端”产业集群。

2019 年，科安达公司被认定为深圳的首批国家级专精特新“小巨人”企业；并被认定为工信部制造业单项冠军示范企业。2019 年科安达公司成功在深交所中小企业板上市（中小企业板后来并入主板）。能够同时取得这三个头衔的企业凤毛麟角，因此可以用“辉煌成绩”来形容。科安达公司的创业之路是如何走过来的呢？

对宝宝的爱让她下海

2022 年 5 月 30 日，深圳市中小企业发展促进会执行会长孙利一行到科安达公司调研，受到公司总裁张帆热情接待。科安达成立于 1998 年 7 月 30 日。“科安达”的意思是“用科学的办法保证安全到达”。按照笔者的理解，当时起这个名字表达着对公司创业一路顺利、抵达目标的愿望；而后来公司发展的经历证明公司将在铁路轨道行业做出一番事业的雄心。

公司的创始人是夫妻，也是工程技术人才。郭丰明毕业于桂林电子工业学院（后来改名为桂林电子科技大学）通信技术专业。张帆毕业于北京交通大学铁道供电专业。毕业后张帆被分配到国家机关工作。

在询问、回忆科安达创业的往事时，对话中有一些非常有意思的内容。孙会长问：“你原来在国家机关工作，为什么‘下海’呢？”

张帆笑着说：“因为我超生了，有了第二个宝宝。当时的计划生育政策多严厉啊！我只有辞职回家了……”

孙利评价说：“生第二胎，违反了当时的计划生育政策。但现在看，这是为中华民族子孙繁衍做贡献啊！张总真有远见啊！”

张帆哈哈大笑：“当时哪能想到后来会有这样颠覆性的变化啊！心里害怕。说实话，当时我也有生不生的选择。我太喜欢小孩了，既然有了，那就决定生下来！”

20 世纪 90 年代，中国大地上掀起了一股创业的热潮。孩子长大一些了，张帆决定跟丈夫一起创业。像许多创业者一样，他们也在“中国电子第一街”的华强北电子市场租柜台、搞销售。郭丰明选择做自己熟悉的通信类产品，在销售服务上得心应手。有一次一家银行买了科安达的通信规程测试仪。在安装设备时，郭丰明发现银行的电脑系统联网困难。虽然这已经超出了这单生意的服务范围，公司技术人员还是花了 3 个月时间，帮助银行解决了问题。银行领导感激地说：“你们付出的人工费，比卖出的设备贵得多，可以提高售价弥补一下。”张帆回答说：“我们承诺要搞好服务，就信守承诺完全解决问题。不提价！”

科安达“重承诺、守合同、优服务”的做法，给银行领导留下了深刻印象。两个月后，这家银行再次找到科安达，问他们是否懂得防雷技术，银行安装的计算机、通信设备，经常由于遭受雷击而造成损失。

科安达从中发现了重大的商机。南方多雨多雷，雷击事故频发。电子设备容易被雷电击中，导致设备损坏、数据消失，造成重大损失。当时，国内的计算机通信设备不具备防雷功能，而国外的防雷设备价格非常昂贵。

由于这是一个新问题，当时国内懂得防雷技术的人很少，科安达的技术人员也不大明白。既然发现了商机，岂能轻易错过？夫妇两人立即去欧美国家的许多防雷企业参观学习。回来后，根据我国银行业网络设备的特点，研发出了第一个整体防雷产品。设备安装后，经过一年多时间运行证明防雷效果良好。从此，银行和电信公司的防雷电设备订单越来越多，科安达公司由此起步。

防雷技术让高铁列车高速飞驰

好事成双，新的更大的市场机会又出现了，商机出现在铁路系统。随着信息化时代的发展，中国铁路的营运管理开始出现计算机联网的势头。铁道部门最先在京广线上试验计算机联网系统，但很快发现问题。一场雷暴大雨之后，一个枢纽车站的网络设备被雷电击坏，出现了铁路网络信号系统瘫痪的重大问题。没有信号，如何调度列车运行？一时间派出许多调度员，重新拿着信号灯指挥列车运行。如果铁路信号安全得不到保障，计算机联网信号系统可能还不如《红灯记》里李玉和使用的信号灯可靠！

这个问题成了中国铁路安全发展面临的头号大问题，解决问题刻不容缓。铁道部电务局四处寻求外援，他们了解到深圳科安达公司有应用防雷技术的实例，也清楚张帆北京交大毕业的专业背景，因此将这项重要的任务交给了科安达公司。

经过一番艰苦的技术攻关，科安达发明了防雷分线柜，推出了BVB 品牌产品。科安达的首套防雷设备在广州北江村编组场站测试成功。经过有关部门的全面测试认定，该设备技术先进、性能可靠，后来更是获得铁道部的科技进步奖。自 2006 年起，铁道部批准使用科安达产品，大面积推广。据不完全统计，全国铁路站场安装的科安达防雷设备已超过 5000 套，居市场领先地位。公司产品分布在武广客专、武汉北编组站、广州南站、上海虹桥、成都北编组站、青藏铁路等站场，使用效果证明其防雷技术达到国际领先水平。采用该产品后，铁路的雷击灾害降低了 93%。有关领导和专家评价说："科安达不仅加快了铁路信号网络化建设的进程，更为中国铁路的安全发展做出了重大贡献。"

孙利会长请张总介绍这项核心技术的特点。张帆说："雷击能量之大是难以想象的。如果只是堵，再厉害的材料都可能会被击穿。因此，我们采取的是'堵''导'结合的办法，发明了'防雷分线柜技术'，将雷击的能量引导到其他方面，以保证对核心部件的保护……这套标准和产品在全球是独一无二的，从理论原理到操作方法都是我们的原创发明。这项专利为公司创收近十亿元人民币。"张帆的语气中充满了骄傲。大家鼓掌叫好。

轨道计轴技术领先国外

科安达另一个拥有自有知识产权的"拳头产品"是铁路信号计轴设备。

计轴系统属于铁路轨道信号控制系统，是对运行列车进行定位的一种技术。车辆高速行进在轨道上，其速度以分秒计算。如果没有精确的定位技术，就不能满足车辆密集发车的需求，还容易出事故。

开始进行这项技术的研究时，科安达虚心向欧洲先进国家学习。这个行业中掌握顶级技术的是德国的西门子和法国的泰雷兹，科安达引进欧洲的先进技术。但是经过实验，科安达发现欧洲的计轴系统并不能直接使用在我国的铁路上。因为国内铁路客货混运，车辆运行环境更为复杂，欧洲技术水土不服。因此，科安达对引进的技术，不断进行适应性研究和迭代研发，使之适用于国内铁路的实际状况。

孙会长请张总解释计轴技术的原理。

张总解释说："计轴技术简单来说，就是在轨道上合适的区间内设置若干计轴点，通过传感器技术、计算机等，感知、计算轨道上列车的运行状况，为信号控制系统提供列车位置信息。管理人员根据数据，决定列车运行的间隔距离。在没有计轴信号系统之前，用人控制信号灯，通过打电话、发电报的方式告知前后车辆的位置。这种方法不但效率低，而且容易出现失误。安装科安达的计轴系统之后，能够对运行在轨道上的列车自动感知、自动计算，效率大大提高。因此，该技术被称为'轨道上的眼睛'。计轴技术对保证列车安全运行、提高运行效率有重要意义。"

孙会长又问："攻克这项技术的难点在哪里呢？"

张总说："首先要技术可靠。计轴系统可不像手机，手机死机了可以重启，计轴系统一旦死机，就可能导致运行车辆发生严重事故。其次是准确。准确的数据可以提高运行效率。再次是优质。科安达的产品做得好，是因为我们一直对产品质量保持着一种精益求精的信仰。要么不做，要做就要做得技术最强、质量最好、市场最欢迎。"大家再次鼓掌。

科安达的计轴系统于 2010 年在深圳地铁 2 号线全线首次投入使用。后来，5 号线、7 号线、9 号线等先后开始使用这套计轴系统。再后来，科安达产品走出深圳，走向全国。

科安达的计轴系统已通过铁路最高安全等级 SIL4 级认证、CRCC 认证、URCC 认证等。该计轴产品已在全国 50 多个城市的 200 多条城市轨道线路中使用，国内市场占有率达到 60% 以上；并开始在部分高铁、铁路线路上逐步推广。

经过 20 多年的奋斗和坚持，科安达的产品不仅在国内市场上处于占有率最高、技术领先的地位；而且站上了国际舞台，与西门子、泰雷兹等巨头同台竞技。该计轴系统已经走出国门，被欧洲、非洲的多个共建“一带一路”国家所应用。

做大做强不如做专做精

作为深圳首批国家级专精特新“小巨人”企业，科安达认为工信部开展专精特新“小巨人”企业的培育和认定工作，对中国中小企业的发展具有重要意义。科安达董事长郭丰明说：“专精特新是企业发展的正确道路。走这条道路，中国的制造业才能真正强大。”

基于这样的认识，科安达对企业的发展方向有独特的理解。与业内普遍存在的努力让企业“做大做强”的想法不同，科安达提出“不做大”，更愿意向N个“小巨人”发展的理念。郭丰明说：“科安达今后不会由‘小巨人’变成‘大巨人’，而是由一个‘小巨人’变成N个‘小巨人’。未来5—10年，科安达将继续围绕轨道交通提供产品、技术和解决方案，进行‘1+2+N’产品战略布局，其中‘1’代表立足轨道交通，‘2’代表目前的主营产品防雷系统和计轴系统，‘N’代表未来在‘智慧铁路’领域的新增产品，包括智能监测诊断系统、道岔融雪系统、系统集成服务、网络信息安全服务、杂散电流监测与防护系统等。”

张总对此做了比较详细的解释。她说：“科安达开发了新的智能监测诊断系统，可以准确地监测和收集设备的各种参数，判别铁路信号系统设备状态良好还是发生了故障；根据对设备健康或者亚健康状态的诊断结果，为客户提供维护或者维修的方案。这将进一步提高管理、维护铁路信号设备的效率，大幅度减少铁路技术维修人员的工作量和降低工作强度，大大降低铁路系统的运维成本，并让行车更安全、更便捷。”

谈到对“专精特新”的理解，张总特别看重“新”。结合科安达发展的经验，她认为创新是企业的灵魂，是企业不断发展的原动力。她说：“没有技术的创新，不可能有我们公司的存在。不断创新，创业才能发展，取得成功。”科安达从成立起，一直重视技术研发。每年在技术研发和创新上投入大量资金，取得了显著的成绩。截至2023年，科安达拥有专利技术125项，其中发明专利46项；拥有软件著作权51项。这些自有知识产权，保证科安达始终拥有强大的核心竞争力，在国内外市场上参与竞争无往而不胜。

科安达是中国科技企业的一个优秀典范。

王志军

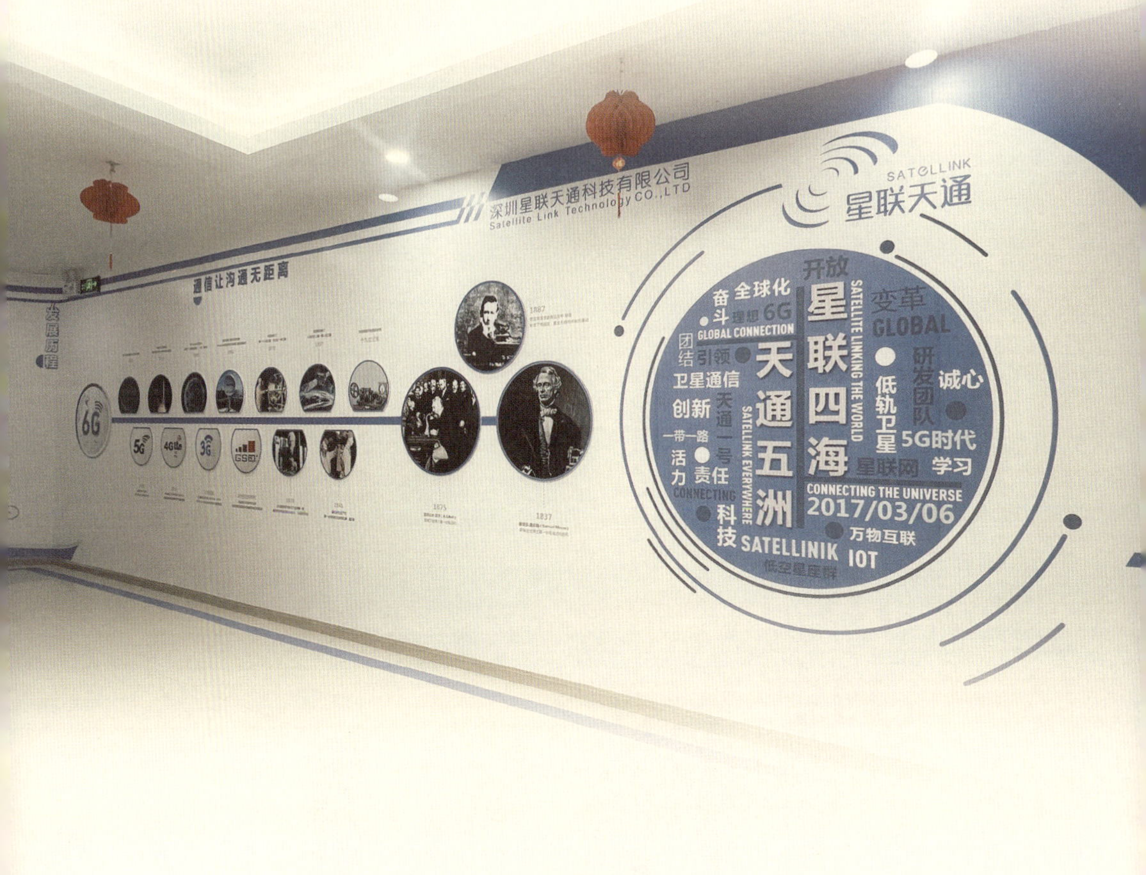
深圳星联天通科技有限公司
Satellite Link Technology CO.,LTD
SATELLINK
星联天通
通信让沟通无距离
发展历程
开放
星联四海
天通五洲
SATELLITE LINKING THE WORLD
SATELLINK EVERYWHERE
全球化
奋斗
理想
6G
GLOBAL CONNECTION
团结
引领
卫星通信
创新
天通一号
一带一路
活力
责任
CONNECTING
科技
变革
GLOBAL
研发团队
低轨卫星
诚心
5G时代
学习
星联网
CONNECTING THE UNIVERSE
2017/03/06
万物互联
SATELLINIK
IOT
低空星座群

星联天通：空天地通导一体的闯将

深圳星联天通科技有限公司（简称“星联天通”）是一家专业从事研发和生产卫星通信和卫星定位“通导一体化”产品及解决方案的国家级高新技术企业。在国家“六基”领域中，属于“核心基础零部件”和“核心基础元器件”领域；在深圳的“20+8”产业集群中，属于“网络与通信”产业集群。2023 年，星联天通被评为国家级专精特新“小巨人”企业。

深圳是创业的热土

王志军没有想到，20 多年前到深圳的求职尝试改变了自己一生的命运，让他成为中国早期空天卫星通信行业的先行者。王志军，重庆人，1998 年毕业于重庆大学，学的是工程热物理专业，硕士学位。1992 年邓小平视察深圳，发表了著名的南方谈话，在中国大地上掀起了新一轮改革开放的热潮。被这股热潮吸引，王志军怀揣毕业证书到深圳寻找机会。

踏上深圳的土地，王志军才知道自己学的专业有点冷门。虽然深圳的新公司如雨后春笋般涌现，但他没有找到招收“动力热物理”专业人才的单位。幸运的是，他遇到中兴通讯公司正在大量招人。虽然中兴通讯公司最希望招到电子通信专业的人才，但这类人才当时还比较稀少，于是王志军就被选中了。他到了中兴，先后担任中兴公司中国区广东分公司总经理、中兴通讯手机自营体系副总经理等，具体工作是负责市场营销。谈到这一段经历，他回忆说："在市场里摸爬滚打，让我开阔了眼界，了解了社会，懂得了如何与人打交道，增长了经营管理的才干。这对我后来的成长、创业很有好处。"

2008 年中兴组建行业终端团队，主要任务是负责通信组合和行业终端的研发。2010 年王志军被任命为手机体系行业经营部总经理，专注于物联网新兴盈利模式的建设和新业务、新产品创新。从这个时候起，具有丰富市场经营经验、十分了解客户需求的王志军开始带领研发团队开展技术研发工作。毕竟是重庆大学的高才生，王志军很快显示出带领研发团队攻关的才能。2011 年公司研发的国内首款 WCDMA/723GSM+ 北斗多模通信模组投入商用，初战获胜。2013 年首款三防手机 R28 通过欧洲 Vodafonge 认证，投入市场并获得好评。

2014 年中兴组建卫星研发团队，由王志军牵头并任行业终端产品线产品总经理。研发团队承接了工信部电子产业发展基金"卫星移动终端研发与产业化"项目。这个项目意义重大，表明国家为发展卫星通信产业开始采取新措施。

为说明该项目的重要性，王总对笔者简要讲述了国际上卫星通信发展的历史背景。自人类有了卫星之后，利用卫星通信的想法随之产生。最早提出卫星通信设想的是英国物理学家克拉克（Arther C. Clarke），时间是 1945 年。首次实现卫星通信技术实验的是美国人。1962 年 I2 月 13 日美国发射低轨道卫星"中继 1 号"；该星于 1963 年 11 月 23 日首次实现了横跨太平洋的日美间的电视转播。1963 年 7 月，美国宇航局发射了世界上第一颗同步通信卫星。

1996 年是环球通信卫星发展的一个重要历史节点。美国摩托罗拉公司建立了名叫"铱星"的卫星通信系统，在 12 年里发射了 66 颗卫星，建成了全球移动通信网络。后来因债务太重而关闭。2021 年 3 月 11 日，美国太空探索技术公司（SpaceX）用“猎鹰 9”号运载火箭，发射一组 60 颗“星链”互联网卫星，实现卫星通信功能。按照马斯克的设想，5 年内发射 1.2 万颗卫星，据说卫星总量最后将达到 4.2 万颗。

卫星通信究竟有多重要？王志军举例说明这一点。2008 年汶川地震发生时，地面通信网络全部中断，人们对地震区的情况一无所知。我国有关部门请求国际卫星提供支援。但国际卫星管理方面的答复是：“没有这个义务。”这件事深深地刺痛了我们。而最新的一个例子是马斯克的“星链”在乌克兰危机中发挥的战场感知、通信指挥作用，让人们认识到了卫星通信决定战争胜负的关键意义。

中兴承担起了卫星通信技术研发的重任

在汶川地震中失去通信联系造成的重大损失，让我们感到了切肤之痛，我国加快了建设移动通信卫星系统的步伐。2016 年 8 月 6 日我国在西昌卫星发射中心成功发射天通一号 01 星，标志着我国卫星移动通信系统进入了新阶段。2000 年，我国开始建设北斗卫星系统，2000—2020 年，先是建成北斗一号系统，向中国提供服务；接着建成北斗二号系统，向亚太地区提供服务；又建成北斗三号系统，向全球提供服务。北斗卫星系统是继美国 GPS、俄罗斯 GLONASS 之后的第三个成熟的卫星导航系统，再加上欧盟 GALILEO，这 4 个卫星系统是联合国卫星导航委员会认定的供应商。

然而，我国发射卫星只是完成了任务的一半；另一半任务是建立地面接收终端系统。为此，2014 年启动这项任务。工信部电子产业发展基金设立了“卫星移动通信终端项目”，该项目交给了在此项技术研发方面有一定积累的中兴通讯公司。为保证技术研发顺利进行，中兴通讯公司组建了卫星研发团队。

经过两年艰苦攻关，2016年中兴通讯公司研发生产了卫星终端T900电话。这一天，在西安天通卫星星关站，公司的一位工程师手握T900电话，通过天通卫星实现了直接通话。这是我国通信卫星系统第一次打通移动电话，是卫星通信的标志性事件。T900电话由于技术先进、通话清晰、抗干扰性强而获得了工信部颁发的2016年度移动智能终端最高奖——“墨提斯奖”（METIS）。也是在这一年，中国政府正式发布了“空天地一体化”的战略概念。

2017年深圳市星联天通科技有限公司正式挂牌独立运营，王志军任董事长。新公司一亮相即经受了严峻考验。这一年8月8日21时19分46秒，四川省阿坝州九寨沟县发生了7.0级强烈地震，地震导致地面通信网络中断。星联天通接到上级指示，要求向灾区提供200台微信终端电话。公司在四川的卫星通信电话存货远远不够用。深圳总部立刻备齐电话，派工程师押货送往灾区。九寨沟的道路由于地震中断，还存在山体滑坡危险，星联天通两位工程师还是冒着危险，尽快将电话送进灾区，恢复了抗震救灾的通信联系。

2017年新一届阿拉善英雄会如期举办。阿拉善英雄会是由越野e族组织的一项越野活动，是中国越野车爱好者的盛会。具体举办的地址是阿拉善盟腾格里沙漠东缘的阿拉善英雄会沙漠地质公园内。受主办单位邀请，中国电信卫通公司与星联天通公司的工程师们带着50台终端，来到赛场提供通信服务。

该活动自2006年首次举办以来，大受越野车主的欢迎。因此2017年的活动举办时间延长至一个月，入园车辆38.6万台次，接待国内外游客131万人次。越野比赛的项目很多，分为百公里穿越、500公里穿越，甚至上千公里穿越，场面十分壮观。小小越野车，穿行在茫茫的大沙漠里，转眼之间就跑得无影无踪。参与该项活动最大的危险是失去通信联系、导致迷路而发生事故。为保障通信通畅，星联天通的卫星终端

T900派上了用场。T900终端定位准确，通话性能优良；同时，星联天通还提供了“热点天通猫”的卫星车载终端产品，可供一个比赛小组里的车主们用普通手机互相通话。T900组合天通热点的方案保证了越野比赛活动的顺利进行，受到了主办方和车主们的一致赞扬。我国终于有了可以与国际先进卫星通信电话相媲美的通信工具。

听着王志军讲述在中兴通讯公司成长的经历，能够听出来他对中兴公司充满了感情。例如，他认为中兴公司是一家对中华民族复兴充满责任感的公司，其承担的许多技术研发项目，投资周期长，很难在短期见到效益，但只要是国家科技研发和经济发展的需要，中兴公司就愿意投入巨资、默默奉献，卫星通信终端就是这样的项目。再例如，中兴公司自成立起一直坚持走技术创新的道路。经过几十年的奋斗，已成为全球领先的综合通信解决方案提供商、中国最大的通信设备上市公司。王总对中兴公司的深厚感情深深打动了笔者。

其实对于中兴，笔者不陌生。2008年我写作了《创造中国第一的深圳人》一书，写到了侯为贵先生创办中兴通讯公司的创业故事。我在书中写道：“30年前的改革开放时期，中国的通信产业是白纸一张。当时有七家世界最强的通信巨头进入中国提供八种不同制式的产品被称为‘七国八制’。后来中国通信出现了巨龙通信、大唐电信、中兴和华为4个最强的企业，被简称为‘巨大中华’。到了现在国内只有华为和中兴两个企业像双子星在漆黑的天空中闪耀着光明亮的光芒。”

笔者小心翼翼地问王总：“那您为什么离开中兴，自己创业呢？”王总沉默一会儿，缓缓地回答说：“不是我们离开了中兴，而是中兴被迫卖掉了我们。前几年美国政府制裁中兴这件事你还记得吧？美国政府找了一个理由对中兴实行‘封杀’的严厉制裁措施。为解除制裁，中兴向美国缴纳了十亿美元的罚金，伤筋动骨付出了惨重代价。为给美国交罚款，中兴卖掉了许多资产，其中包括我们这家公司。我们只好重新开始创业，准确地讲我们是‘被迫创业’……”原来如此，王总说的这段历史笔者也清楚，近两年笔者又写了《深圳科技创新密码》一书，书中写到了这个惨痛的事件。

星联天通的核心技术

王总继续讲述后来的创业故事。

2018 年星联天通卫星终端 T900 获得国内首张天通智能卫星手机入网证。接着，三模对讲卫星终端 T901 获得“2018 年度最具创新力手机奖”。

作为一个外行人，笔者对王总讲的技术问题似懂非懂。笔者请他解释卫星手机的核心技术。

他说：“最核心的是射频技术。想想吧，通信卫星远在 3.6 万公里的太空，虽然电讯信号能够传达到地面，但是非常微弱。既要捕捉到微弱的信号，又把它放大到能用的程度，难度非常大，要靠先进的射频技术。以天通一号卫星为例，此卫星的位置在新加坡那一带的太空中，其电讯信号传到我国衰减得很厉害。因此，对终端有很高的要求。深圳地区收到的信号好一点，东北地区的信号就非常弱了；天晴时信号好一点，刮风下雨时影响很大。而我们的 T901 手机，在全国东南西北最边远的地点都做过压力测试，要求信号收得到、收听得清楚。虽然现在一些手机也具备联通卫星的功能，但与真正专业的卫星通信终端电话是两个概念。卫星电讯信号很微弱，需要将信号放大；但信号放大后会出现严重的干扰，这是一个两难的技术问题……”

“按照卫星通信的行业标准，要求终端手机有很高的接通率。T901 的接通率超过 99%，达到了业内最高的标准。T901 手机有以下几个特点：一是捕捉卫星信号能力强。二是抗干扰能力强，表现在通话时声音清晰、音色饱满。音色是否饱满关系到能不能从口音中识别出说话人，这是更高的要求。三是喇叭设置在前面。绝大部分手机的喇叭设置在背面。喇叭前置通话效果好，对技术要求更高。四是 T901 具有‘三模’功能。”

我又没有听懂，就问：“‘三模’是什么意思?”王总详细解释：“所谓‘三模’，是说 T901 手机有三种通话模式：首先是对讲模式。特殊情况下利用专网进行对讲，可以大大提高通话效率。其次是像普通手机一样使用公网打电话，可以降低通信成本。最后是卫星终端电话。在极端条件下，其他通信中断后，卫星电话就是救灾、救命的最后保证……”

听了王总通俗的解释，我终于理解了 T901 为什么能够获得“2018 年度最具创新力手机奖”，该奖项的背后是强大的技术支撑力量。能够听懂复杂的技术原理，我感到特别高兴。请他再讲几个实际例子。

王总讲了破坏力特别强大的台风“山竹”的例子。2018 年 9 月 16 日 17 时，台风“山竹”在广东台山海宴镇登陆，短短两天里造成广东、广西、海南、湖南、贵州 5 省（区）近 300 万人受灾，数人死亡，1200 余间房屋倒塌。台风到来前，省领导已经强调要采取各种措施，包括配备足量的 T901 电话，但还是有一些地方的工作措施不落实。台风袭来，风势凶猛，暴雨倾盆。有个县感觉问题严重，十万火急联系星联天通公司，要求急送 200 台 T901。公司闻风而动，即刻派小货车上路送货。风势太厉害了，车在半路上被台风掀翻在地，幸好没有人员伤亡。终于按时将 200 台手机送到，派上了用场。虽然“山竹”台风是广东近几年破坏性最强的一次灾害，大树折断、棚屋倒塌、大楼晃动，但由于联络沟通正常、指挥得当，没有造成太大的损失。T901 电话立下了汗马功劳。

星联天通是一个社会责任心很强的企业，积极参加了许多公益活动。其中向可可西里藏羚羊保护区的一次捐赠活动特别值得一提。2019 年星联天通领导来到了可可西里藏羚羊保护区。他们看到保护区管理站干部职工艰苦而又危险的工作环境（该地区 99% 的地面没有信号），听说了管理站第一任站长索南达杰为保护藏羚羊与非法狩猎者斗争而光荣牺牲的事迹，非常受感动，当场决定向保护区管理局捐赠了 T900 电话、F930 星通猫、SC980 天通宽带便携终端等多部卫星通信终端设备。装备这些先进设备后，巡检工作状况大大改善，人员的安全得到了保证，也具备了随时可以将藏羚羊图像信息传回管理站的能力。在与笔者的谈话中，王志军不止一次说："如果当年管理站配备了我们的卫星终端设备，索南达杰站长有可能不会牺牲……"王总的话语中流露出了浓浓的惋惜，让笔者十分感动。

科技工作者的责任与情怀

在星联天通的所见所闻，让笔者产生了许多联想。

在进入公司大门的墙面上，有许多图片、文字和数据，说的是世界卫星通信发展的历史；在一个展台上，摆放着公司琳琅满目的卫星通信设备和产品，公司总监苑丽君向我们一一介绍这些产品的性能、用途和研发的故事；展区墙面上挂着许多发明专利证书，是公司科技人力攀登一个个技术高峰的记录、荣誉的证明；公司的办公区坐满了朝气蓬勃的年轻人，从紧张有序的工作气氛里，能够感觉到这些年轻人又在攻克新的技术难关。

翻阅公司的一些资料，我看到了一篇名为《风雨五载，不忘初"星"》的文章，文中写着这样几句话：

因为相信，所以看见；

因为热爱，所以坚持。

从眼前的景象中，我逐渐懂得了王志军及其创业团队的初心、热爱和多年坚守的毅力。初心是探索星空的奥秘；热爱是将青春献给卫星通信事业的执着；坚守是因为饱含为中华民族崛起而奉献的情操。

文中也说出了星联天通对卫星通信行业未来的判断：“未来‘天地一体、通导一体、宽窄一体’等概念的融合是实现‘天地一体，无缝连接’这一面向6G未来场景的必然趋势……”对此，星联天通人的追求是：“为用户提供更广泛、更安全、更可靠的通信及服务。”

写到最后，我想起了德国哲学家康德的一句话：“有两种东西，我对它们的思考越是深沉和持久，它们在我心灵中唤起的惊奇和敬畏就会历久弥新，一个是我们头顶浩瀚灿烂的星空，另一个就是我们心中崇高的道德法则。”

好奇心是人类探索星空、不断走向外太空的动力，了解未知世界、掌握人类未来的命运是人类永不休止的追求。掌握星空的奥秘、掌握人类自身的命运，靠的是人类永无止境的刻苦努力和爱岗敬业的道德情操。星联天通的科技人员正在探索遥远的星空，将青春和热血化成夜空中耀眼的流星。

应凌鹏

广和通：深耕物联网行业的龙头

深圳市广和通无线股份有限公司（简称“广和通”）生产的产品是物联网通信模组，在国家“六基”领域中，属于“核心基础零部件”和“关键软件”领域；在深圳的“20+8”产业集群中，属于“网络与通信”产业集群。2019 年，广和通公司被评为国家级专精特新“小巨人”企业。

近几年，广和通获得了系列荣誉。2019 年，先后获得“通信产业 5G 行业赋能创新力企业”、物联网产业“美好生活创造者”等称号；2020 年，获得“最有影响力物联网通信企业”称号。2022 年，入选第七批国家级制造业单项冠军示范企业，并荣获 20 余项省部级以上荣誉奖项，包括 2022 移动物联网先进企业、“IOTE 金奖”（创新产品奖）、绽放杯 5G 应用征集大赛通用产品专题赛一等奖、2022 中国 IOTE 创新奖—技术创新奖、中国电子信息产业发展研究院颁发的 2022 年度最佳终端解决方案奖等。

来到创业热土创办广和通

2021 年受深圳市政府中小企业服务局委托，深圳市中小企业发展促进会与深圳广电集团合作，一起拍摄《寻找小巨人》的宣传片。笔者跟随摄制组一行，到广和通采访了其 CEO 应凌鹏先生。

应凌鹏是浙江温州人，1974 年出生，到了“知天命”的年纪；言谈温文尔雅，知识面很广。他拥有厦门大学、中欧国际工商学院两个硕士学位。应凌鹏进入这一行业有一位引路人——张天瑜，他是广和通现任董事长。张天瑜比应凌鹏年长几岁，毕业于西安电子科技大学无线电通信专业。1994 年张天瑜创立了厦门日新科技有限公司。1995 年应凌鹏入职日新公司任销售经理，从此以后一直跟着张天瑜创业。

笔者问应总是怎么来到深圳创业的，他回忆说："1997 年香港回归祖国，中国人扬眉吐气。受此事件鼓舞，第二年我们来到深圳考察。我发现深圳真是一块创业的热土，可以说遍地都是黄金、到处都有创业的机会。虽然厦门和深圳都是首批经济特区，但相比之下深圳的发展速度快多了。我们开着汽车在宽阔的深南大道上飞速奔驰，感受到'深圳速度'的魅力，产生创业的冲动。深圳是全国最年轻的城市，一路看到的都是年轻人，充满了活力。深圳还有一个好处，是广东唯一说普通话的城市，沟通时语言上没有隔阂，人员来自五湖四海，这座城市对创业者很热情。我们一下子喜欢上了这座城市，决定来此创业。1999 年 11 月 11 日注册了广和通公司。"

后来，公司注册了 Fibocom 商标。这个词由两部分组成：FIBO 是 For innovation beyond others，中文的意思是"超越他人的创新"；COM 是 Communication，中文的意思是"通信"，也代表着业务和使命。经过十几年发展，广和通完全实现了该商标的寓意目标。如今 Fibocom 已成为行业知名品牌。

应凌鹏是广和通的联合创始人，在公司一干就是 20 多年。他开始负责销售工作，十多年后升任 CEO。应总递给笔者一张他的名片，笔者注意到名片上写着他的英文名：Tiger（老虎）。我感觉他的两个名字都挺有意思。他中文名字里边有"鹏"，深圳的别名是鹏城，是不是预示着深圳注定是他创业的福地；而英文名老虎，是不是意味着他干活猛如虎。事实确实如此，经过 20 多年的努力，他配合董事长、团结全体员工，把广和通经营成了一家业内的领军企业。

物联网将改变世界的未来

广和通是一家物联网通信企业，其成立和发展有明显的时代背景。广和通从给美国摩托罗拉公司做代理起步，其产品是无线通信模组。所谓“模组”（Module，又称“模块”）是指将一个或多个独立的功能模块整合在一起，形成一个具有完整功能的部件。模组通常由芯片、电路、外部接口等组成，可以作为一个独立的部件，被集成到更大的系统中。在无线通信领域中，模组通常指无线通信模块，无线通信模块一般包括射频芯片、数字信号处理芯片、射频前端、天线等元件，可以实现无线通信的功能。广和通还有独特之处，将行业特性的软件植入模组中，以加快客户产品的开发和生产，降低研发成本和技术门槛，同时提高产品的性能和可靠性。广和通很快发展成无线通信模块最大的代理商。

做了近10年的代理商后，2008年广和通决定开始转型做自主品牌。之所以做出这样的决策，一半为无奈，一半为自强。当时进口产品的价格越来越高，做代理的利润越来越薄，长此以往公司很难维持下去；同时经过十多年的技术积累，中国企业的研发能力越来越强，逐渐具备了创造自主品牌的条件。可以说，中国企业走到了转型的历史关节点。但在同样的背景下，企业家的选择不一定相同。觉悟比较早的公司主动选择转型；而另一些公司选择继续做代理商。广和通属于自强的前者。后来的发展证明，广和通做出转型的决策，让公司实现凤凰涅槃，走上了一条完全不同的精彩的创新之路。

然而，变革、创新是要付出代价的。当时，并不是所有员工都能理解公司实行转型的必要性。2008年公司遇到了严峻挑战。公司的部分骨干认为做代理商可以获得稳定收益，而转型做品牌风险大，不看好公司的发展前景因而辞职，公司出现了“人才荒”，经营陷入困难重重。面对挑战，公司领导组织高层管理人员全部出动去拜访客户，深入了解客户需求，决定公司发展新方向；同时变革公司组织结构，引进人才，组建新研发团队。应凌鹏评价说：“一个新的广和通诞生了。”

广和通加大了研发力度，投入了更多的资金，不管前面的道路多艰难，公司都决心排除万难，创造出自己的品牌。公司始终随着整个通信技术的发展步伐，一步一步往前走，从 2G 到 3G 到 4G，再到 5G，一直处于行业领先地位。如今广和通提供的产品系列涵盖 5G 系列、SoC 系列、车载系列、LTE 系列无线通信模块等，均属于全球主流先进技术。广和通产品在关键领域补短板，其蜂窝通信模组是物联网终端连接运营商网络的关键连接器，是传统设备智能化、网联化改造的关键部件。

广和通产品的技术优势很明显。广和通为全球客户提供精巧尺寸、功耗优化、性能卓越的模组，在高低温环境中（-40℃ ~85℃）性能依旧可靠。模组安全性、功耗指标、三防指标、通信稳定性都处于国际领先地位。还有一个突出的优点：通信模块支持全球频段，支持全球主流运营商之间的切换和漫游，并在极短时间里完成全球场测。所以广和通是经过全球行业法规及主流运营商认证的模组厂商，满足客户全球联网需求。

2017 年 4 月广和通在深交所创业板成功上市，成为中国首家上市的物联网无线模组企业，这一年也是物联网元年。应凌鹏清楚地认识到，所有的传统行业都在加速迈进万物互联的时代。随着技术的快速发展，技术瓶颈一个个被克服，从云端、大数据，到算法、连接技术、扫码支付、手机支付，形成了一个新的业务闭环，出现了共享经济的新商业模式。物联网将会是行业最大的机会之一，这当然也应该是广和通公司要攀登的技术高峰。

2016年后，广和通跻身国内无线通信模块业务的头部阵营；尤其2017年上市以来，广和通业务快速发展，营业收入年增长率持续保持在50%以上，公司市值快速提升。如今的广和通已成为全球领先的无线通信模组和解决方案提供商，业务板块覆盖云办公、移动宽带、智慧能源、智慧零售、智能机器人、智慧安防、智慧能源、智慧城市、智慧医疗等物联网行业应用。

企业大胆“走出去”

深圳自建市以来就确定了发展“外向型经济”的方针。深圳市、区政府鼓励深圳企业大胆地“走出去”，这既是深圳经济特区发展方针的要求，实际上也是企业自身的需求。深圳的市场毕竟有限，甚至国内的市场也不够大。深圳企业只有“走出去”，与国外的跨国公司进行竞争，才能提高自身的竞争力，占领更广阔的国际市场。

在应凌鹏看来，深圳企业在“走出去”的过程中，经历了从拼外贸、拼投资，到直接参与海外企业经营的转型。广和通的这个转型大概出现于2015年。他认为，企业在原来拼外贸、拼投资的阶段中，只要让产品有竞争力就可以；但直接参与海外经营，对企业有更高的要求，需要解决投资经营、销售服务、企业管理等系统性问题，例如全球的人才配置、过硬的技术、质量及知识产权等尤其重要。要求做好每个环节，并经得起考验，只有这样企业才能在国际市场中站稳脚跟。广和通直接参与海外经营的最终目的是构建合作共赢的生态，这才是保证企业能够在国际市场上可持续发展的一条正确道路。

举一个具体事例说明广和通开辟国际市场的做法。2018年、2019年广和通连续两年参加在西班牙巴塞罗那举办的世界移动通信大会（MWC），这是全球最具影响力的移动通信盛会。广和通在展会上租赁规模很大的展区，但参展产品并不是自己主打的模块产品，而是众多的客户终端产品，对其进行推广宣传。2018 年有 50 多款客户的产品；2019 年大幅增加到 150 款客户产品，取得极好的效果。应凌鹏解释了广和通采取这种做法的动机。他说："帮客户去搭台，免费为客户做展览，客户把产品卖出去了，广和通的商业模式和口碑也'卖'出去了。"物联网业态非常丰富，企业涉及千行百业。广和通是上游厂商，愿意构建上下游企业合作共赢的生态，愿意以自身的资源和"出海"的经验赋能合作伙伴，带领客户企业一同"出海"，这是一种具有长远眼光的做法。

广和通的努力得到了回报。据咨询公司 ABI Research 的数据，中国物联网无线模组企业的全球市场份额从 2015 年的 25% 上升到了 2019 年的 54%，逐渐获得海外龙头企业的市场地位，广和通是其中的佼佼者。例如，2020 年 11 月，广和通参股公司顺利完成 Sierra Wireless 全球车载前装通信模块业务的收购。至此，广和通已逐步完善在全球车联网领域的战略布局，这是广和通全球化战略布局的一个重要里程碑。

如今的广和通已成长为一家全球化运营的公司，在德国慕尼黑、美国达拉斯、巴西圣保罗、印度班加罗尔、日本东京，以及中国台北等城市都有开设子公司及办事处；在全球拥有超过 4500 家客户，业务覆盖 100 多个国家和地区；超过 2000 名全球员工提供所在国的本地服务支持。在运营模式方面，广和通重视将经营业务本地化，例如邀请当地业界资深的人士加盟团队，通过他们获得更多信息，了解新需求，寻求新机会，这种做法是广和通快速实现国际化经营的秘诀之一。

广和通的经营取得骄人成绩。2023 年上半年逆势增长，公司营收同比增长近 60%（上半年销售收入 38.65 亿元），净利润同比增长近 49%；公司聚焦高带宽、智能类模组产品，获得细分行业占有率和净利润第一；海外业务占比提升至 62.72%。回顾广和通的"出海"历程，应凌鹏说："广和通能成功'走出去'，是因为中国国力极大增强、不断提高海外影响力的结果。就在这十几年，中国企业在许多方面实现了先进技术突破，中国品牌越来越受欢迎。广和通借着这个大潮'出海'成为弄潮儿。强大的祖国是广和通'走出去'的坚实后盾。"

2022年10月，广和通入选第七批国家级制造业单项冠军示范企业。"制造业单项冠军示范企业"是比国家级专精特新"小巨人"企业更高的一个标准。按照工信部的规划，"十四五"期间，将培育国家级专精特新"小巨人"企业1万家，培育制造业单项冠军示范企业1000家，由此可见，"制造业单项冠军示范企业"是更优秀者。我们相信，广和通会更上一层楼，在新的赛道上继续快速奔跑。

第二篇　行业精英

何谓精细化

“精细”一词在现代汉语中有精致细密之意。精与细的观念最早在春秋战国时期就已经出现。孔夫子说：“食不厌精，脍不厌细。”（《论语 · 乡党》）这句话的意思是粮食舂得越精越好，鱼肉切得越细越好，说明孔夫子对饮食非常讲究。也许是因为是孔夫子将“精”与“细”并列，所以后来中国汉语中将精细连在一起的词比较多，如精雕细刻，精磨细琢，精打细算，等等。

与孔子同时代的老子也说到过细。老子说：“天下大事，必作于细。”老子的话可以解释成“天下的大事，都是从细小处发端的”；也可以解释成“要想做大事，都必须从细微的小事做起”。

韩愈在《进学解》中说的一句话也非常有名：业精于勤荒于嬉。意思是学业由于勤奋而精通，如果贪玩就会荒废。韩愈说的是学业，但也可以用在业务上。

经济管理理论中的“精细化”，说的是现代工业化时代的一种先进的管理概念。有的学者将其定义为“五精四细”。“五精”是精华（指的是智慧），精髓（既包括管理理论的精髓，也包括掌握管理精髓的管理者），精品（质量、品牌），精通（专家型管理者和员工），精密（各种管理、生产关系，链接有序、精准）。“四细”是细分对象，细分职能和岗位，细化分解每一项具体工作，细化管理制度的各个落实环节。精细化的管理不仅能提高工作效率，而且更重要的是能够有效降低人力、物力的浪费、无效率的空转，最终降低生产成本。

工信部对精细化的要求是：生产技术、工艺及产品质量性能国内领先，注重数字化、绿色化发展，在研发设计、生产制造、供应链管理等环节，至少 1 项核心业务采用信息系统支撑；取得相关管理体系认证或产品通过发达国家和地区产品认证（国际标准协会行业认证）；企业资产负债率不高于 70%。

王海英

艾贝特：激光锡焊技术的领军者

深圳市艾贝特电子科技有限公司（简称“艾贝特”）的产品是激光微锡焊设备，在国家“六基”领域中属于“先进基础工艺”“产业技术基础”领域；在深圳的“20+8”产业集群中，归类为“激光与增材制造”产业集群。2021 年通过国家级专精特新“小巨人”企业认定。2022 年又通过了国家专精特新重点“小巨人”企业认定。

公司多年获奖。连续三年（2019—2021 年）获得“SMT 智能制造企业匠心奖”；六次（2015—2022 年）获得“中国 SMT 先进制造最佳用户服务奖”；连续八年获得“中国 SMT 创新成果奖”。公司连续四年（2017—2020 年）获得“广东省重合同守信用企业”荣誉；连续三届（2017—2023 年）被评为“深圳市自主创新百强中小企业”；获得两化融合管理体系证书 AA 级证书。

三个年轻人志同道合来深圳创业

最近笔者再次采访了艾贝特公司的总经理也是联合创始人王海英。2018 年我们曾一起到德国汉诺威参加汉诺威工业展，她的公司在展会上表现出色。回深圳后笔者写了《德国文明与工业 4.0》一书，写到了艾贝特参展的故事。书中写到了我对王海英的最初印象：“她长得年轻秀美、小巧玲珑，我以为是公司公关部的员工呢。”

这次采访主要是了解公司的创业历程。她回答说:“公司成立于2005年4月,有三个股东投资创业。檀正东是老大哥,最早入行,负责技术研发,不断开发新产品;周旋任副总经理,负责技术制造系统;我负责公司运营和客户。创业以来的十几年里,大家精诚团结,为了一个目标,心往一处想,劲往一处使,路上一起走。在艰苦创业中,彼此结下了深厚的友谊,一起给艾贝特倾注了满腔热血,看着艾贝特这个孩子一天天长大……”

公司董事长兼研发带头人是檀正东,湖北襄阳人,毕业于湖北理工学院机电专业。20世纪90年代初,听到邓小平同志视察深圳等地发表的南方谈话后,感觉大地回春、热血沸腾,辞去公职,义无反顾来到深圳谋求发展。周旋是湖北恩施人,大学学历。王海英是陕西宝鸡人,大学学历,她先后获得第一届宝安区十大杰出青年企业家、深圳市十佳中小企业创业英才等称号;获得11项发明专利、67项实用新型专利。三人有缘走在一起,在檀正东的带领下开始创业。

笔者问王海英:“创业中遇到的最大困难是什么?怎样解决的?”

她回答说:“艾贝特在创业的过程中,遇到了很多很多的困难。感觉只要抱着一个好的心态和找到好的方法去解决,都能得到解决。就我的体会而言,公司最大的困难,恐怕是人的问题。艾贝特之所以发展得好,是因为有一个核心股东团队,也就是说我们三个创始人始终相互信任、团结一心,并肩作战18年。这是艾贝特成功最重要的经验。我看到我们身边的很多企业,开始创业时,大家关系融洽,一心一意创业、做事;但后来公司发展起来了、积累多了,大家的想法就多了;对于一些利益处理得不好,结果引起队伍分裂,严重的情况甚至影响了企业的发展。看来处理不好利益得失,是人性最大的弱点。我们坚守初心,彼此尊重,相互信任,不计较个人得失,才能一路走到现在。”听着王海英满怀情感的言语,笔者想到了《三国演义》中的桃园三结义的故事。

俗话说，团结一心，其利断金。艾贝特就是这样一家企业。

激光微锡焊填补了我国技术空白

艾贝特公司研发制造的产品是激光精密智能微锡焊设备。王海英在介绍公司技术特点时，给笔者普及了关于激光锡焊的科普知识。

激光锡焊原理是利用激光作为加热光源，将激光聚焦焊接区域，激光辐射能转换成热能，熔化锡材，完成焊接。由于半导体光源属近红外波段，具有良好热效应，加上其特有的光束均匀性与激光能量的持续性的特点，具有焊接效率高、焊接位置可精确控制、焊点一致性好等优势，非常适合小微型电子元器件、结构复杂的电路板等微小复杂结构零件的精密焊接。这是电子制造行业中的一个技术难点和痛点。

用激光锡焊技术完成手机等许多微小型电器使用的复杂线路板上的微小复杂结构零件的精密焊接，其作用有多重要呢？可以用人体做一个比喻：细如发丝的焊锡点，相当于人体中的毛细血管和神经末梢，可能肉眼看不清、难以感觉到，但其对大脑指挥信息的传递和周身血脉的畅通具有极其重要的作用。如果毛细血管和神经末梢不工作，人可能会瘫痪、一定会得大病。由此可以知道，没有激光锡焊技术对手机上小型电路板进行完美焊接，手机不可能完成各种复杂的功能。打电话时保持清晰的语音，看视频时没有卡顿的感觉，甚至在手机上处理各种重要公务，这些都是不可想象的。因此可以说，这项技术的突破解决了中国产品的一个重要痛点问题。

艾贝特选择这种技术工艺作为公司的研发方向，与檀正东的经历有关。1996 年檀正东“下海”到深圳，进入宝安福永辖区的一家 SMT 行业龙头港资企业工作十多年。他在多个技术管理岗位上工作过，积累了丰富的经验。参与了国内第一台波峰焊、回流焊、印刷机设备的技术工作，接触了焊锡工艺。檀正东勤学习、爱钻研，掌握了专业技术，看到电子行业具有广阔的发展前景。因此 2005 年他举旗拉人创业时，继续沿着这个产业发展，这也算是一种“技术路径”依赖。

谈起那一段艰苦的创业历史，王海英说：“公司成立之初仅有 7 个人，要负责研发、生产、销售、财务等一切事务，这些业务多数人没有干过，都是新手，要从头学起。我们在檀总的带领下，不分岗位，什么都做；不懂就学，不会就问；实干得知识，研发长才干。我觉得成长是不断沉淀和积累的过程，梦想只有在苦干真干加巧干中才能实现。”

在公司起步的几年里，因为搞研发，需要持续地投入资金，而研发的产品还没有成熟、定形，因此公司没有销售，没有收入。公司的资金总是非常紧张。为应对困难局面，几个股东不发工资，最艰难的时候大家 6 个月没领工资，靠向亲戚朋友借钱度日。股东可以不领工资，但员工的工资不能不发，公司经营运转也需要经费。为此，檀正东卖了自己的房子给员工们发工资。

看到他们创业如此困难，有熟人劝檀正东：“研发的事情让有实力的公司去做吧，你们整天吃在公司里、睡在沙发上，房子也卖了，老婆都受不了，图的什么呀？不如换个做法，倒卖二手设备，这个容易做、赚钱快，公司不会做得这么辛苦。”檀正东听了这种劝解，只是笑笑，不为所动。他对股东和员工说：“我们做艾贝特，不是不想赚钱，而是不想赚眼前的快钱；应该放长眼光，以后赚更多钱。但更重要的是，艾贝特有更大的目标，要将焊接的技术彻底吃透，要研发出自己的核心技术，要成为行业领军人。只有掌握了核心技术，我们才能为国家做出更大的贡献。”檀总的话让股东和员工有了希望，胸中充满了创业的激情。2007 年艾贝特的第一个焊接产品面市，到 2009 年成功销售 300 多台焊接设备，艾贝特赚到了第一桶金。

这时候公司发生了一件事，让大家更坚定了自主创新搞研发的决心。有一个特殊的产品需要加工，公司委托当时最早拥有锡焊焊接技术的一家日本公司加工。没想到样板寄过去 40 天后被退回来，答复说：这个活做不了。当时这家日本公司是锡焊技术的领先者，它都做不了，那谁来做？檀正东下决心说："别人干不了，我们自己干！"檀正东外出求师，找到哈尔滨工业大学的李明宇教授，双方签订了技术合作协议，共同研究攻关。

在技术研发最艰难的时候，最努力的是檀正东，有人形容他整天陷入"忘我疯狂、如痴如醉"状态中。他一年 365 天泡在公司实验室里，经常通宵达旦，可以一天不吃不喝。实验室里不分白天黑夜经常传出"滴滴""噗"的机器工作声音。"滴滴"是手动调试的声音，"噗"是焊接不成功的声音。他出门时，身上总是带着一股松香助焊剂和油漆的刺鼻气味。

艾贝特在创业初期遇到了数不清的困难。在檀正东的带领下，大家不忘初心，咬牙坚持，毫不动摇，一直努力，遇到的困难问题一个一个去解决，在创业的道路上一步一步向前走。从 2010 年开始涉足激光焊锡，到 2015 年第一台激光焊锡机成功上市；2017 年公司自主研发的全球第一台全自动激光焊锡机组，成功结束了人工焊接手机模组的历史。王海英在评价公司突破技术难关时说了这样一句话："有些产品技术太难了，委托给别人去干；但别人干不了，那就自己拿起来研究吧，干完以后也就知道是怎么回事了。"

采访时，王海英带领笔者参观工厂的产品展示厅，看着陈列的各种各样的激光锡焊设备，她向笔者详细解释了焊接技术的特点："你看这些电路板上有密密麻麻的接线点，如果人工焊接，又慢又不能保证质量。而使用我们艾贝特的设备，只要把这块线路板放进去，激光闪烁、一扫而过，就焊接好了。总之一句话，特别能够满足那些超薄、很轻、短小、柔性化、集成化、模块化、高密度、异型器件、特殊器件等混装电路板及高端精密焊接的需求。”机器演示的状况确实如此，笔者不由得对如此先进的设备发出赞叹声。

艾贝特已成为激光锡焊细分领域的领军者，属于先进技术绿色智造科技企业。公司的主营业务是激光焊锡机、锡渣分离机和SMT周边设备、电子产品、电子辅料等。其产品国内市场占有率超过90%，为富士康、ICT、海康威视、比亚迪、华为、中兴、鸿利、兆驰、伟创力、金山医疗等企业提供生产配套产品。公司研发的先进设备得到了手机厂家的普遍认可。许多企业在做手机摄像头等关键零部件的焊接时使用的是艾贝特的焊接设备。

产品公司注重科技创新，申请发明专利54项（已授权12项）、实用新型专利209项(已授权49项)、软件著作权60项(已授权25项）等。公司被认定为国家高新技术企业、广东省智能封装激光焊工程技术研究中心、深圳市博士后实践创新基地；产品获得“十大高质量发展奖”“红光奖”“尖端科技类激光工艺突破创新贡献奖”等多项奖。公司与国内10余家高校合作，不断研发新技术，提高核心竞争。

在艾贝特的激光焊接设备推出以前，该类技术掌握在国外几家公司手里，购买它们的一台焊接机需要45万欧元。现在艾贝特的设备不但能够完全替代进口设备，而且销售到世界，价格大幅下降。

有了自己的核心技术，艾贝特就有了向国外发展的底气。在全球SMT（组装焊接）业界，以色列Beam Works团队以自动化创新能力闻名遐迩。2021年艾贝特并购了该团队，在以色列成立分公司，从而为艾贝特下一步升级产品和进军海外市场做好准备。

专精特新为企业发展开辟了广阔的道路

由于艾贝特在技术研发方面取得了出色成绩，填补了我国行业的技术空白，艾贝特先后成为国家级专精特新“小巨人”企业和专精特新重点“小巨人”企业。

在谈到开展专精特新“小巨人”企业培育工作对公司带来的变化时，王海英说：“首先，我觉得开展这项工作，是从国家到地方对科技型企业的一种认可，鼓励企业科技兴国、实干兴邦，这是国家的一个重要战略举措。其次，是对专精特新中小企业发展壮大的一种系统的帮助措施。专精特新中小企业创业的时候规模很小、发展很困难，摆在面前的任务却非常多。小公司只能把主要的精力放在技术研发上，往往顾不上开发市场，好酒藏在巷子里卖不出去；有些老板又搞技术又抓市场又管理企业，就算身有十八般武艺，但是精力有限，整天陷入琐碎事务中，缺乏战略眼光，也导致企业走不远。政府帮助专精特新中小企业发展，为企业提供了许多优惠政策服务，让企业能够一心一意钻研技术，这有利于企业发展。再次，政府的宣传大大地提高了专精特新‘小巨人’企业的知名度，帮助企业开拓市场，取得良好的效果……总而言之，艾贝特自创业以来，选择了一个好的赛道，企业在自主创新研发的道路上锲而不舍、坚持往前走；有一个团结的核心股东团队，不论遇到什么困难，都能保证队伍心不散；现在又得到了政府的有力支持和帮助，这为企业插上了起飞的翅膀。相信艾贝特会飞得更高、发展得更好。”

在问到艾贝特的核心竞争力时，王海英强调了工匠精神。她说：“我们认为公司的核心竞争力是技术工艺数据库，这是一个长期积淀的过程，没有办法走捷径。许多公司有各自硬件或软件方面的长项，但是做出的产品不一定好。其原因就是缺乏一种技术工艺方面的经验和积累。就好像两个厨师，用同样的锅，炒同样的菜，但炒出来的味道大不相同。我所说的技术工艺数据库其实就是一种解决问题的方法和路径，就是厨师炒菜的绝招。艾贝特的核心竞争力就是技术工艺数据库，这是公司的灵魂。”

她的话让笔者想起了2018年在德国汉诺威工业展上采访她时她说过的一段话，笔者记录在《德国文明与工业4.0》一书中，这里重引一次："我特别赞赏德国企业的工匠精神。艾贝特也是一个注重工匠精神、工匠文化的企业。他们提出，匠心是虚心，匠心是恒心，匠心是细心，匠心是不断追求的执着心。只要我们注重工匠精神，我想我们的企业能够做到全球锡焊细分行业的第一名。"

刘吉平

航顺芯片：中国芯片行业的高端品牌

深圳市航顺芯片技术研发有限公司（简称“航顺芯片”或“航顺”）属于半导体芯片行业，其主要产品是高端工业/车规32位MCU，在国家“六基”领域中，属于“核心基础元器件”领域；在深圳的“20+8”产业集群中，属于“半导体与集成电路”产业集群。2021年评为国家级专精特新“小巨人”企业。先后被评为胡润全球独角兽企业和中国IC独角兽企业。

想当千里马就选择最高端的赛道

要问当今中国占用资金额最大的进口产品是什么？有人回答是石油，错了，是芯片。2020年，中国芯片进口额高达3500亿美元，占商品进口总额的18%；而同期的原油进口额仅为1763亿美元。根据中国半导体行业协会公开的数据，我国芯片的自给率只有26.6%，其中汽车芯片的自给率更是低至5%。2021年全年的进口芯片的金额更是增加到4400亿美元。芯片进口俨然已成为我国科技发展的“痛点”。

就是在这样的背景下，深圳出现了一家专做高端工业/车规32位MCU的企业，公司创始人叫刘吉平。他是江西宜春人，1982年出生，立志要做大事业。做大事业需要大舞台，所以他选择了中国商业最发达的城市上海，寻找最佳的发展机遇；在行业上他选择了技术含量高、发展前途光明的芯片行业。

在接受笔者采访中，刘吉平谈到了自己选择的初衷。他说："我在2006年创业时，已经开始意识到随着全球人类的智能智慧高速发展，一切都将万物互联智能智慧。无处不在的智能智慧产品，其核心就是集成电路芯片。集成电路芯片需求将高速爆发，产生重大战略机会。而当时，中国集成电路的自供率不到5%。落后的局面也意味着发展的广阔前景。谁掌握了半导体集成电路的研制技术，谁就掌握了未来。这既是国家的发展目标，也是个人事业奋斗的机遇。"

2001—2005年，他先后在美国和中国台湾MCU公司做研发和销售业务，也是中国国产芯片第一代开拓者。刘吉平回忆说："在那时候，国产芯片的市场开拓难如登天，想想都后怕……"但他非常庆幸自己经历了进口芯片和国产芯片的沉淀。两年后，他成立上海航顺微电子有限公司，一边代理芯片一边摸索尝试自主研发芯片。长达10年的工作经历，让他对芯片行业有了深刻的认识和丰富的工作经验，也看到了中国芯片行业的落后状态。他暗暗下决心要在这一行业中做出一番事业。这就叫"明知山有虎，偏向虎山行"。

2013年，刘吉平创立深圳市航顺芯片技术研发有限公司，开始在完全自主研发电源和存储芯片上发力，放弃投入少又容易赚钱的代理业务线。为什么要到深圳创业？深圳是中国电子产业的起步地和生长点。深圳既是中国对外开放的窗口，也是中国电子产品走向世界的桥头堡。面对笔者的询问，刘吉平评价说："深圳的经商环境全国最优、最公平，因此深圳最适合发展；由于深圳是中国电子元器件的集散地，也拥有全国最完整的电子产业研发生产销售链条，因此在深圳搞研发最能了解客户的需求，摸准产业发展的脉搏，这就是我来深圳创业的理由。"

比投资更重要的是人才

刘吉平开始创业，更加体会到了人才的重要。芯片固然是一个资本密集型的产业，是烧钱的行业，但是相比之下更重要的是专业技术人才。事情是靠人做的，得人才者得天下，芯片行业尤其如此。

2017 年，刘吉平听说日本富士通在成都的研发基地，有一个芯片研发团队集体离职了。他激动得一夜没睡，第二天直接飞到成都，向这个团队发出了邀请，但没谈拢，刘吉平被拒绝了。但他并不灰心，在后来的几个月里，一有时间就往成都跑。拜访成都多达十一次后，他凭自己的真诚和优越的条件，终于请动这个团队加盟创业。谈到这次收购行动，刘吉平笑着对笔者说："这次收购行动可以用'蛇吞大象'这个词来形容。"这句话深深地感染了笔者。笔者对这句话的理解是：这项收购行动之所以能够成功，主要不是出的价码有多大的吸引力，而是因为研发团队为刘吉平的情怀所打动，愿意加盟航顺一同为国家芯片产业的崛起而贡献力量！

这支队伍的领头人叫王翔。这个团队在以往的芯片研发过程中，掌握了丰富的核心技术和量产能力，积累了丰富的经验。有了这支队伍，航顺的芯片技术研发就不必从头开始，大大地缩短了研发周期。航顺的芯片研发直接从 32 位的高端 MCU 技术起步了。

一波未平一波又起。人才的问题解决了，经费的问题迅速出现在刘吉平面前。他发现，研发芯片烧钱的速度比想象的快得多，研发时间还不到一年，公司的钱就用完了，怎么办？半途而废吗？当然不能！这不符合刘吉平坚韧的性格，而更重要的是他心中始终燃烧着创业的一团火，怎么能随便熄灭？为了保证芯片研发的正常进行，刘吉平开始卖房子，将自己在过去多年里积累的金钱全部投入研发。

一些好友对刘吉平的做法有一些担忧，劝说他："你这样全部投入，万一芯片研发不成功，你多年的财富就化成一团水了。你可要想好了，要不要孤注一掷这样做?”他回答说：“从我成立公司、准备研发芯片那一天起，我已经有了这种思想准备。为中国芯片产业崛起的一团火一直在我心中燃烧着。家国情怀让自己敢担当，有作为。为实现这个目标，我愿意赴汤蹈火，付出生命不退缩，倾家荡产不可惜！能为中国崛起贡献力量，我感觉无上荣光；总要有人心甘情愿为中华民族的崛起做出牺牲!”

就是在这种理想鼓舞和激情燃烧中，刘吉平与研发团队每天从早工作到晚，吃住都在写字楼里。夜晚星光满天，他们浑然不觉已到深夜；早晨阳光入窗，大家才知道新的一天又开始了。终于在2015年研发成功了第一款“32位SoC/MCU”芯片技术。

考虑到一些读者可能对芯片的技术问题不熟悉，这里简单解释一下其技术概念。MCU（Micro controller Unit，中文的意思是“微控制单元”）；SoC（System on Chip，中文的意思是“系统级芯片”）。航顺的“32位SoC/MCU”芯片，将内存、计数器等许多电路整合在单一芯片上，技术集成非常高，可以说是“芯片级的计算机”。这种芯片广泛用在汽车、手机、机械臂等领域，对智能工业发展的重要作用不言而喻。芯片的技术集成度用“位”衡量，20世纪70年代最早出现的半导体芯片是8位，后来发展到16位，如今是32位。这标志着航顺的芯片技术已经达到了国际主流的高端水平。当时，进口的MCU芯片几乎占据了中国的全部市场。国内只有两家具有国资背景的企业在研发这种芯片，航顺是全国第一家研发成功的民营企业。

笔者问刘吉平取得技术研发成功的诀窍。他的回答很简单：“要有工匠精神，死磕核心技术。不达目的，决不罢休。就算在沙漠里掘井，只要你挖得深、尝试的次数多，最后总能见到清泉。”

手有金刚钻未必能够揽到瓷器活

有了金刚钻，敢揽瓷器活。但是，在芯片市场上，这句话却不一定好使，至少短期内获得客户的认可是一件很难的事情。在这方面，刘吉平吃足了苦头，有深刻的体会。

当航顺公司的“32位SoC/MCU”芯片推出后，刘吉平满怀信心亲自上找客户推销。但他发现，想让客户接受航顺的芯片很困难，尤其是32位MCU是中高端智能设备的大脑更是难上加难。该芯片的技术集成度太高了，对最终电子产品的作用影响太大了。客户不敢贸然使用国产核心大脑芯片，宁愿高价采用进口芯片公司的产品，尽管后者的价格比较高，但是采用比较放心。

在外国芯片垄断中国市场的情况下，进口芯片的价格越来越贵。2016年进口同类芯片一周之内价格从1.2美元涨到4美元，涨价2倍多，厂家大呼：“用不起啦！”刘吉平抓住机会向一家客户推荐了航顺的芯片，客户进货10颗芯片做测试，发现性能很好，就开始用航顺的芯片代替了进口芯片。

真正让航顺芯片打开广阔市场的机会，出现在美国对中国产业的封杀和打压行动中。2018年后，美国先是打压中兴通讯公司，后又全面封杀华为。美国的封锁惊醒了中国企业界，大家看到了依靠国外芯片的巨大风险。一位企业家哀叹：“你永远不知道，涨价和断货哪一个会先来。”国内相关企业纷纷开始寻找芯片“备胎”，以防备突发的风险。刘吉平发现，此时再推销芯片时，客户们表示愿意“试试看”。

回忆往事，刘吉平分外感慨。很多时候，祸兮福所倚，危难与机会并存。压力造成挑战，困局孕育机会。但是幸运女神只垂青有准备的人。

彩虹总在风雨后

2022 年 7 月，笔者曾跟孙利会长一行到航顺公司调研，当时公司总部设在龙岗区恒路 e 时代航顺芯片大厦里。到年底，罗湖区政府提供一栋写字楼，吸引航顺公司到罗湖发展，为其提供了更好的办公和发展条件。

自从到航顺公司调研后，笔者一直关注着公司的发展情况，从各个不同渠道了解到航顺在发展过程中遇到了许许多多的困难。公司最困难的时期是在 2017 年后的那几年，当时刘吉平卖房搞研发，抵押贷款，“烧钱”烧了几千万元，几乎倾家荡产。特别是 2020 年疫情到来之际，融资被延误，在长达 5 个多月时间里，公司资金全部投入生产运营，全体员工大部分自发申请不领工资，很多员工把少有的积蓄借给公司，却无一人离职。如果不是刘吉平有极大的个人魅力，不是航顺有很强的凝聚力，没有收入却人心不散，这种情况外人是很难想象的。

大家坚持创业不动摇，终于拨云见日。航顺的芯片不仅研发量产，也开始批量销售，销售额连续增长，客户群越来越大。航顺的客户有小米、长虹、康佳等知名企业。航顺的研发生产销售终于进入了良性循环。2021 年 12 月，在第三届硬核中国芯领袖峰会暨 2021 汽车芯片技术创新与应用论坛上，航顺公司及其产品获得“2021 年度国产替代卓越表现企业”大奖。

笔者曾请刘吉平介绍、评价航顺芯片的性能和特点。他说：“公司量产的 32 位 SoC/MCU 芯片，包括 12 大类 300 余款；航顺提供工业 / 商业 / 车规级、通用 / 专用 / 定制化芯片产品。航顺芯片具有全球超低能耗核心技术、最优芯片架构设计、坚如磐石的稳定性等优点，得到了客户的认可和良好评价。公司的芯片申请了发明专利布线图等知识产权 200 余项。”航顺芯片的使用领域很广，包括汽车电子、工业控制、智慧家庭、物联网、医疗电子、电机驱动，等等。

随着芯片被业内特别是技术检测机构认可，也随着客户间的口碑越来越好，航顺得到了投资人的青睐，银行也改变了态度，主动上门提供贷款服务。在不长的时间里，公司完成了多轮融资。投资方有深投控、深创投、中科院国科投、中航基金等风投公司。尤其是航顺的 D 轮融资数亿元，创下了国内 MCU 领域融资额的一个峰值。2019—2020 年连续两年，航顺公司被世界半导体大会评为“中国十大 IC 独角兽”企业；航顺和刘吉平还获得了中国深圳创新创业大赛总决赛亚军、深圳市科技创新十大风云人物创业之星等荣誉。

喻东旭

华科创智：在纳米银线领域创造奇迹

深圳市华科创智技术有限公司(简称“华科创智”）属于新材料行业，其主要产品是纳米银线柔性透明电极材料，在国家“六基”领域中，属于“关键基础材料”和“产业技术基础”领域；在深圳的“20+8”产业集群中，属于“新材料”产业集群。

2017年华科创智公司被认定为国家级高新技术企业。2017年、2019年两次被评为深圳自主创新百强中小企业。2023年被认定为国家级专精特新“小巨人”企业。

巧遇高人，确定创业方向

人在创业的时候，如果能够遇到一位高人，可能会对创业成功起到决定性作用。专家由于高明被称为高人，能够给创业者重要的帮助而被称为贵人。2014年7月，正在摸索创业道路的喻东旭巧遇了香港科技大学教授温维佳，从而创造出了一番事业。

两位都不是等闲之辈。

先说专家温维佳。温维佳（1956— ）重庆开县（现开州区）人。他先是在重庆大学完成本科、硕士学习，后入中国科学院攻读物理学博士。1995年温维佳入香港科技大学读博士后课程，1997年远赴美国加州大学洛杉矶分校继续博士后研究。1999年毕业后回到香港科技大学任教。温维佳和他带领的团队获得过18项美国专利和50余项中国专利。2014年1月获年度国家科学技术大奖，其“巨电流变液结果和物理性质的研究”获得国家自然科学奖二等奖。

再说创业者喻东旭。喻东旭（1971— ）湖北黄冈人，1994年毕业于华中科技大学机电一体化专业。工作后，先后在北京一家国有大型企业、联想集团、比亚迪等公司工作，从2008年开始任比亚迪高管。2013年决定自己创业。

喻东旭对手机业务比较熟悉。在联想时，参与收购厦华手机的业务，后担任联想手机事业部常务副总经理；在比亚迪时也主要负责手机整机的代工业务，积累了丰富的人脉资源和经营管理经验。但离开比亚迪创业时，他一直想寻找有技术门槛、有核心竞争力的项目开始创业，因而一直在寻找合适的合作伙伴做“难而正确”的事情。

这段时期，一个偶然的机会，喻东旭经朋友介绍认识了温维佳教授。喻东旭问教温教授做什么行业好，温教授就向他介绍了纳米银线电极材料技术。这是一个全新的新材料透明电极技术，可以广泛应用在触摸屏、钙钛矿电池、电致变色、CPI等众多领域。

喻东旭对触摸屏不陌生，他在多年的手机业务中，接触了各式各样的屏幕。在长达30多年的传统制造业中，手机触控一直使用ITO（Indium Tin Oxide，中文名为氧化铟锡）材料。该材料中的铟金属是一种储量极低的稀有金属，存在加工工艺复杂、成本高、加工不环保、能耗高等缺点，同时脆性易断、透光性差，并不是理想的材料。因此，科学家们一直在寻找能够替代ITO的新材料。温教授的话一下子打动了喻东旭。

他仔细听温教授讲解：“随着移动互联网从智能手机向物联网ICT方向发展，大尺寸触摸屏和柔性屏的市场空间巨大。纳米银线技术在透过率、成本等方面具有很大的优势；特别是纳米银线优异的低阻抗、可弯曲性，是未来曲面、可折叠穿戴等智能终端最好的解决方案。”

喻东旭对温教授的科研成果非常认可，于是两人一拍即合，决定创办创业公司，华科创智于 2014 年 9 月成立。公司最初在南山区香港科大深圳研究院 280 平方米的实验室里起步，摸索纳米银线墨水的合成生产和导电膜组涂布工艺。技术研发到中试轻量产阶段，公司 2016 年搬迁到龙岗区宝龙工业区扩大了量产规模。

攻克技术难关，开辟新材料天地

对于一项新技术而言，知道原理是一回事，攻克技术难关是另外一回事。概括来说，华科创智的核心技术在纳米银线材料的制备及应用。所谓纳米银线，“是直径≤ 100 纳米的金属银一维结构。分散于离子水 / 醇类溶剂时，即制成纳米银墨水，其在导电性、透光性、抗菌性、耐折性及低阻抗等方面具有显著优势，被视为新一代人机交互的关键柔性透明电极材料”（摘自华科创智材料简介）。

喻东旭在经营中摸爬滚打多年，深知技术攻关的艰难与风险。他说：“我最初并不确信温教授的成果一定能够产业化，只是抱着试一试的心态……”让喻东旭惊讶的是，温教授不仅是对技术研究颇深的专家，而且动手能力也很强。他带领曾西平博士团队从零开始，一点一点攻克技术难关。他们先从 50 毫升的量开始试验，取得成功的技术参数后，增加到 1 升，再到 3 升、5 升……每增加一个量级，都需要做无数次试验。

华科创智的研发团队终于成功了，纳米银线的直径突破 8 纳米。公司的技术研发、量产进展迅速。在材料端，公司的纳米银线合成技术已处于全球领先地位，其自主研发的第五代纳米银线墨水平均直径小于 8 纳米，在导电性、透光性、弯曲性、稳定性等方面拥有绝对优势；在部件端，公司的电容屏标准从10.1英寸到110英寸全线覆盖，超大尺寸电容屏已在2017年全球首家批量出货。公司已实现从纳米银线墨水合成、涂布、大规模工程应用，到智慧终端全产业链的布局，成为行业的隐形冠军。截至2023年11月，公司申请专利228项，获授权专利98项，获得超100项重大荣誉，研发人员占比超过40%。

坚持“精耕细作”，提供市场最需要的产品

对于一个企业来说，技术突破算是初步取得成功；但是企业要能够生存下去，需要做更多的事。引进资金，开拓市场，争取政府支持……整合资源是喻东旭的长项。在这方面他很有一些心得体会，提出了“创业三角形”理论。他说：“创业是个三角形，技术、市场、资金缺一不可……”

技术研发上，他充分肯定温维佳的作用。他说：“温教授是1，我是0，温教授的技术是企业的核心竞争力，我补充许多0，让企业迅速发展成长起来。”

市场开拓上，喻东旭长袖善舞，不断发展合作者，走垂直整合的道路，彻底打通产业链。他讲了其中一个例子。原材料纳米银线的合成完成后，下一项重要工序是涂布工艺。这方面日本厂家的基础很深厚，而其专业涂布设备的售价非常昂贵。为降低成本，更为避免出现“卡脖子”技术问题，喻东旭考虑在国内寻找合作企业。国内做涂布设备和服务的企业大多是上市公司，它们拥有的设备不适合直接生产纳米银线新材料，设备需要改造，但这意味着需要新投资，上市公司愿意吗？为此，喻东旭多次与国内有关公司洽谈，说服它们。最终获得了国内一家知名上市公司支持，双方成为长期的合作伙伴。

类似这样的例子很多，华科创智的合作伙伴越来越多。在物联网智

能设备领域，公司与海信、美的、京东方、大华、海尔等合作研发触控显示屏；在智慧教育领域，与希沃、鸿合、东方中原、创维等企业联合开发会议及教育触控一体机、智慧黑板；在商业数字显示领域，与康佳、TCL 展开深度合作研发新技术。

在选择投放市场产品上，喻东旭避开了已是“红海”的手机触控屏市场。固定资产投资额巨大，不适合创业公司直接进入。他认为，ITO 技术虽已落后，但技术成熟度比较高，仍然为大量生产厂家所使用。因此手机触控屏市场是一片“红海”。纳米银线技术先进，应该进军中大尺寸触控屏领域这片“蓝海”。喻东旭果然眼光精准，让华科创智的中大屏幕产品刚一上市就得到了包括视源股份、鸿合科技、康佳、创维等十几个主要客户的支持。

在引进资金上，喻东旭认为价值投资是可以看到公司亮点。2016 年公司完成深创投首轮融资；2017 年完成 B 轮融资，企业估值超过 10 亿元；2019 年完成 C 轮融资；2020 年完成 D 轮投资，公司的实力进一步壮大。2020 年华科创智被香港科大认定为“十大准独角兽”企业。2021 年 12 月华科创智从参选的 700 多家优秀企业中脱颖而出，荣获“2021 创业邦 100 未来独角兽”奖项。近些年华科创智陆续获得了 100 多项重大荣誉和奖项，可谓硕果累累。

在争取政府政策支持上，喻东旭也取得了显著成绩。2016 年华科创智精心准备了纳米银线技术申报书上报市区政府，让主管科技的有关领导大为振奋，认识到这是一种大有潜力的解决“卡脖子”难题的材料技术。在市政府和龙岗区政府的大力支持下，公司建成了占地面积 1.4 万平方米、有相当生产规模的大尺寸电容屏生产基地，从而让华科创智成为全球第一家具有量产 86 寸电容触控模组制造能力的公司。2017 年华科创智又在江苏宿迁设立了 3.5 万平方米生产基地的合资公司，进一步扩大了产能。2021 年，公司再次扩大投资，在山东济宁市兖州区建成了全球最大的纳米银线材料基地。

新技术发威，市场前景无可限量

华科创智公司有一个较大的产品技术陈列室，各种技术及产品琳琅满目。市场部负责人带领我们参观，并进行了详尽的解说。

令人印象深刻的是各种尺寸的纳米电容屏模组。公司研发制作的全球最大尺寸电容会议平板被业界称为“大尺寸电容屏一哥”。屏幕下面写着一些技术性能的说明文字：“通过 1500 小时环测，透光率高达 87%，最大可实现 110 英寸。”称之为“金刚 TP”，意味着其有“金刚不坏之身”，为触摸屏行业的天花板。

我们来到一块大型电视触摸屏前，小李开始操作演示给我们看。他在屏幕上一点，就出现了各种可供选择的小图标。点开这些小图标，可以选择丰富多彩的各种电视节目。有了这样的智能屏幕，传统的遥控器就可以淘汰了。触摸屏操作既直观又方便，大大方便老人和小孩使用。

接着，负责人开始在屏幕上写字。他学着小孩一样在屏幕上涂鸦，书写流畅，完全没有笔记显示滞后的感觉；写出来的字，一按键可以变成各种颜色，小孩子们非常喜欢。公司研发的中大尺寸智能屏板，已经被广泛地用在会议、教育等许多场景中。由于技术先进，华科创智的银纳米电容屏被上市公司视源股份使用在其出品的 MAXHUB 会议机品牌中，大大小小有几十个知名品牌产品搭载华科创智电容触摸屏。

公司联合中国科学院物理所研发的第三代钙钛矿太阳能电池光电转化率高达 21.8%（目前世界技术先进的晶体硅太阳能电池转换效率为 20% 左右），可以被应用于楼宇外墙、分布式光伏屋面、集中式电站、可移动装置，前景十分广阔。

公司研发的柔性 OLED 透明导电基底材料具有高效稳定、高透光率、发光均匀性高等优点，可用于室内照明、飞机和汽车照明发光等，用途广泛。

负责人还给我们演示了最新被应用于汽车上的电致变色玻璃。一块完全透明的玻璃屏幕一通电就变成了蓝色。使用了这种材料，汽车的天窗就能变成隔热效果极好的梦幻空间。

采访最后，笔者请喻总谈一谈该行业的发展前景。他说："材料技术是每一次科技革命的内核技术。人工智能、人机交互等新兴技术将改变未来产业格局，成为新兴产业发展的引擎，大尺寸触摸显示屏市场正在进入一个爆发期。伴随着5G时代和物联网时代的到来，'屏连万物'趋势已经很清晰。智能交互终端将无处不在。这是纳米银线屏幕使用场景会越来越普遍的时代……"喻东旭丰富的专业知识、自信的话语深深地感染了我们。华科创智公司拥有无可限量的发展前途。

王思伦

医未医疗：为老龄社会到来早做准备

深圳市医未医疗科技有限公司（简称“医未医疗”）是聚焦脑部疾病（脑卒中、阿尔茨海默病、青少年发育障碍等）超早期筛查和精准诊疗的脑科学数字产品公司，是中国唯一覆盖全脑筛查诊疗全流程的人工智能企业，在国家“六基”领域中，属于“关键软件”领域；在深圳的“20+8”产业集群中，属于“脑科学与类脑智能”集群。2023 年医未医疗被认定为第五批国家级专精特新“小巨人”企业。

回国创业被深圳吸引

笔者到南山高新园区采访医未医疗公司，公司联合创始人、CEO 王思伦博士热情接待并接受采访。王思伦（1978—　），北京市西城区人，说话京腔京韵，十分好听。2001 年，他毕业于中山医科大学后，曾在北京大学人民医院任职临床医生；于 2004 年就读香港大学医学院，获得硕士学位和博士学位。2009 年，博士毕业后便任职美国约翰霍普金斯大学医学院的博士后工作站，博士后出站后，于美国 Emory 大学任职，研究专业是神经影像，包括研究脑科学、人工智能等。2016 年前后，美国的大数据和 AI 智能新技术研究发展很快，对医学研究的促进、冲击非常大。留学美国时学到的专业知识和长时间的工作经验，为王思伦后来创业打下了坚实的基础。

2017 年王思伦准备回北京创业。北京人想回老家很正常；何况北京的医疗技术代表着国家最高水平，创业平台高、条件好。王思伦回国途经中国香港，见到了自己的老朋友林照寒。老朋友见面无话不说，他的一席话改变了王思伦的想法。林照寒也是北京人，读过清华大学的实验班，后来在香港中文大学读 MBA，毕业后就留在香港做投资工作。由于工作关系，他研究了全国许多城市的投资环境，认为深圳的投资环境好，建议王思伦在深圳创业。林照寒列举了在深圳创业的种种好处，并陪着王思伦到深圳转一转。

故地重游，让王思伦十分惊喜。他到美国专心学习 8 年，其间没有回过深圳，如今的深圳与过去记忆中的完全不一样了，高楼林立，现代化城市的派头十足，车水马龙，一派繁忙景象，年轻人扎堆，充满了活力。于是两人一商量，决定在深圳创业。2017 年公司在罗湖注册。王思伦任首席执行官（CEO），林照寒任首席运营官兼首席财务官（COO & CFO）。这些头衔听起来十分“高大上”，实际上刚创业的公司中只有七八个人。

公司安家在闹市里的一栋楼房里，出门是商业街市，繁华热闹，灯火辉煌。两人一下子头大了，心想在这样热闹的环境里怎么静下心来搞科研呢？还好很快就解决了这个问题。市政府领导支持他们到南山科技园创业，从此有了良好的科研环境条件。

科研方向确定为脑科学领域

公司成立后，将科研方向确定为脑科学领域。做这样的决策，既有王思伦在美国学习研究打下基础的有利条件，也是为了应对中国开始进入老龄社会带来的重大挑战。

在王思伦留学期间，美国开始关注老龄社会问题。他在美国学习和研究脑科学，这让他清楚地认识到进入老龄社会将产生什么样的重大影响。在认识老龄社会带来严重后果的时间点上，美国比中国早了十几年。现在王思伦回国创业，就能敏感地发现中国也在开始慢慢进入老龄社会；在研究老龄社会会给国家医疗体系造成影响的问题上，王思伦心中有数。这种阅历、经验，可以说独一无二，极其珍贵。

当开始进入老龄社会，出现的一个重要变化是老年痴呆症患者大量出现。老年痴呆症的医学名称叫阿尔茨海默病（英文名 Alzheimer's Disease，缩写 AD）。得了此病，老人的认知会出现问题，临床表现为失语、失认、失忆、行动障碍、人格和行为改变等全面性痴呆表现。与此病相关的，还有帕金森病症（英文名 Parkinson's Disease，缩写 PD）。两者的区别在于前者主要是认知障碍，后者主要是运动障碍。

老年痴呆症到了晚期，离不开人陪护，会花费大量的公共卫生开支。美国一年仅花在这个病上的资金就几万亿美元，这是一个惊人的数字。美国为此投入了大量的医疗资源，建设大量老人康复医院、设立专业护理机构等，但仍是杯水车薪，解决不了问题。就连美国这样西方最富裕的国家，其公共卫生系统都支撑不住这样巨大的开支，何况像中国这样"未富先老"的发展中国家，更是难以支撑。按照中国红十字会会长、中国科学院院士陈竺在"2023 中国脑健康大会"上讲话所提供的数据，我国目前有超过 1000 万的 AD 患者，医疗费用达到 1.6 万亿元 / 年。而另据一些专业机构的测算，我国每年花在 AD 患者身上医疗费用的实际数据可能达到 3.68 万亿元。

根据王思伦的研究，中国已开始进入老龄社会，患老年痴呆症的数量增加迅速；更糟糕的是发病患者的年龄在变小。因此解决这个问题，不仅具有医学意义，也有社会意义，不能再拖延。从医疗的角度说，帮助患者缓解痛苦、康复健康；从社会意义上讲，恢复家庭亲情、重新带来欢乐；从经济意义上讲，能够有效减少医疗支出、减轻国家经济负担。对于中国这样一个正在向现代化社会迈进的发展中国家而言，这是一个关系到国家兴旺、民族复兴的大题目。

因此王思伦在创业时，就选择了关于中国人脑疾病的科研题目，通过研发先进技术，达到早期诊断、早期发现老年痴呆病症的效果。具体说，就是利用大数据、人工智能等技术手段，对阿尔茨海默病进行早筛查、早发现，从而早治疗、早痊愈。根据王思伦在美国参加科研项目的实际经验，对 AD 发现、治疗得越早，效果越好；如果拖到了晚期，就没有什么好的治疗办法了。

根据医未医疗参加的一次病患者调研数据，我国首次确诊阿尔茨海默病的人群中，60—79 岁年龄区间的人群占比最高，为 62.1%。值得注意的是 60 岁以下的发病患者占 21.3%，这数据比国际一些普查公布的数据高 5—10 个百分点。这说明在我国，阿尔茨海默病发病出现了年轻化趋势，解决这个问题显得十分迫切。

医未医疗经过几年的艰苦攻关，技术研发取得了阶段性成果。2023 年 9 月，公司自主研发的专注于阿尔茨海默病磁共振影像 AI 辅助评估软件——医未脑医生（英文名 Dr.Brain），通过国家市场监督管理总局审批，获得三类医疗器械（指风险最高的医疗器械）证书。这是全球首款获批的应用于阿尔茨海默病磁共振影像 AI 辅助诊断的产品，说明人工智能技术在脑结构分析领域的应用进入实质性落地阶段，标志着医未医疗公司关于脑科学的技术研发达到了世界先进水平。

笔者请王博士解释一下公司研发软件“医未脑医生”的核心技术原理。他说：“就国际上治疗 AD 的药物而言，已经有一些药物疗效非常显著。但是最关键的一点是要求早期治疗；对于晚期患者疗效甚微……”

为了说明这一点，王博士对电脑屏幕上的一个图表进行讲解。这是一个关于人的大脑患 AD 症状的三期认识能力变化的示意图（见图 1）。

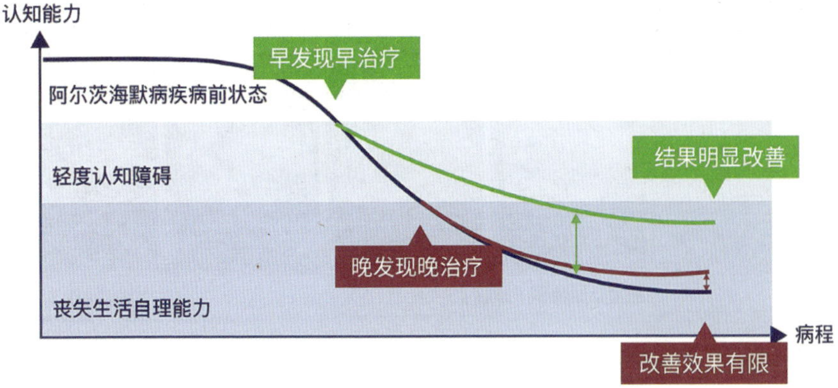

※ 图 1

在患病前，有关于认知能力的线条水平平稳发展；在开始出现轻度认知障碍时，线条开始向下延伸，如果在这个期间的患者能够得到及时治疗，治疗效果十分明显；如果到了丧失生活自理能力的晚期，进行治疗疗效甚微。这种情况可以用一句话来概括：AD 防治的关键是早发现、早治疗。

目前对 AD 诊断的首选方法是磁共振成像技术，这方面存在的问题是：从屏幕图像（见图 2）上看，AD 病人的脑结构异常变化不明显，临床经验不足的医生难以准确识别或识别病变耗时长，结果造成诊断率低、漏诊率高的问题。拖延一段时间后，轻病变成了重病，错过了最佳的治疗机会。

公司研发的“医未脑医生”软件，借助 AI 算法，能够帮助医生早期精准诊断 AD 性质的脑结构异常改变，从而针对病变及时用药。借助“医未脑医生”，有利于实现认知障碍疾病的早筛查、早诊断、早干预、早治疗，明显提高老年痴呆症等疾病的治疗效果。这款软件目前已在北京医院、深圳康宁医院、第一健康等医院及医疗机构落地使用，获得了临床医生的好评。

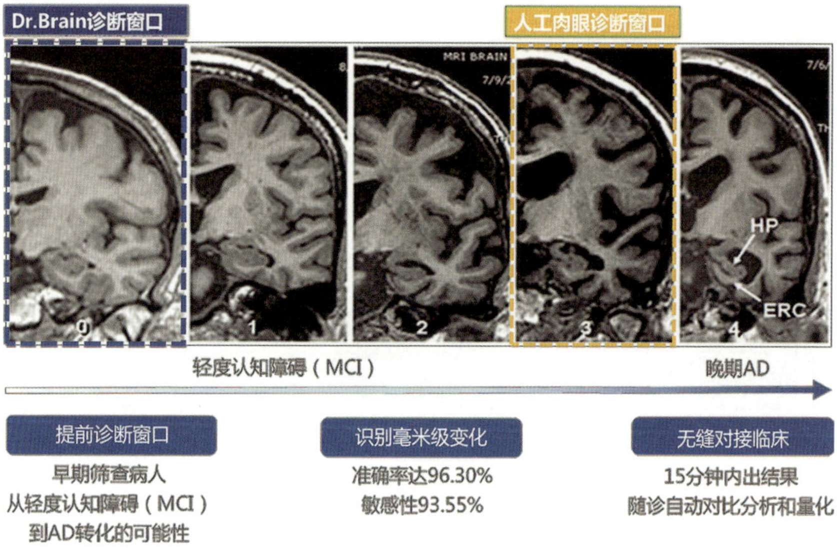

※ 图 2

公司的产品不仅有“医未脑医生”一项，公司还研发了“睿脑”（RerlNow）——脑卒中急性期一站式 AI 辅助诊断系统。这是一款聚焦脑卒中术前精准诊断的 AI 诊断平台，有助医生提升术前诊断效率（治疗决策时间节省 52 分钟，介入治疗时间缩短 75%）、拓展脑卒中救治窗口边界（6 小时延至 24 小时）、显著提升手术介入率（提升 4 倍）。该产品是国内唯一在缺血、出血和术前规划各模块均取得 NMPA 认证的产品。

“脑卒中”又称“中风”“脑血管意外”，是一种急性脑血管疾病，是由于脑部血管突然破裂或因血管阻塞导致血液不能流入大脑而引起脑组织损伤的一组疾病。“脑卒中”也是一个严重的脑科病症，具有高发病率（219/10 万人）、高死亡率（142/10 万人）和高致残率（75%—80%）的“三高”特点。2019 年国家提出“百万减残工程”，要求 5 年时间里减少 100 万脑卒中致残患者。治疗“脑卒中”的关键也在于争取时间。公司研制的“睿脑”卒中 AI 辅助诊断（影像处理）系统软件，能够迅速获取卒中诊疗所需要的影像学指标，综合脑 CT 与脑核磁等多模态数据实现了全面覆盖脑缺血、脑出血及 ICH、ASPECTS、CTA、CTP、MRP、MRA、ASL 全模块的卒中诊断整体解决方案，能更全面协助医生制定更周全的诊疗救治方案。

公司研发的“脑医生”等系列产品已经被全国近 200 家医院使用，取得了良好的效果。

“医未医疗”的哲学含义

在深圳注册公司开始创业后，王思伦确实感觉到老朋友林照寒的话是对的，深圳是一块创业的热土，来到这座城市创业的青年人多、创业热情高，形成了很好的创业氛围。在任何城市创业都有优点和缺点，深圳当然也不例外。王博士感觉就医疗科研行业而言，深圳的高端专业人才比较少，与北上广相比还有比较大的差距。这种情况让公司招聘专业人才有一些难度，培养适合人才成为公司的一项重要任务。

而让王博士感到高兴的是，深圳政府部门对企业给予了细心、实在的支持和帮助。公司做医学方面的软件技术研发，这方面没有政府和医疗部门的支持，各项研究工作难以顺利进行。例如，公司已经在深圳做了一次关于阿尔茨海默病的筛查，数量达到了几万例；接着还会做一次 20 万例的筛查。积累筛查数据，建立大数据库，对 AD 的早发现、早治疗有重要意义。就是在经过筛查后发现，虽然深圳是全国最年轻的城市，老年人数量不算多，但 AD 发病率比例之高还是有点儿惊人。

2023 年在市、区政府有关部门的关心下，公司被评为国家级专精特新“小巨人”企业。王博士感觉，这对公司发展很有利，公司得到了许多优惠政策的扶持，银行主动上门服务，公司的社会知名度提高了，很有利于今后开展工作。他认为工信部开展培育专精特新“小巨人”企业工作效果好，对我国中小企业的健康发展十分有利。

文章最后要说一说笔者与王博士对公司名称的讨论。笔者请他解释一下“医未医疗”的意思，他回答说：“公司原来起的名字叫‘铱硙医疗’。选择这两个字是因为公司注册时原来想好的几个名字都已经被别人注册了，这两个字比较少用，还没有被人注册。‘铱’是一种金属，寓意做事业要坚定、坚强，遇到难关要积极攻克，不轻易打退堂鼓；‘硙’(wèi)的含义是洁白光亮，寓意做人要光明磊落。这两个字代表了我们做人、做事的原则。但没有想到这两个字有点偏冷，很多人念不准音。有朋友建议我们改用同音字‘医未’。我们觉着‘医未’可以理解为‘医学未来’，意思挺好，就两个词混着用。”

笔者评价说：“‘医未’两个字很好，说的是‘医未病之病’的意思。唐朝孙思邈按照医术水平的高低，将医生分为上医、中医、下医三等。他认为，‘上医医未病之病，中医医欲病之病，下医医已病之病’，总结出了中医精深的道理。这个观点符合中国古老哲学的思想。老子道德经说：‘未兆易谋’，意思是问题在没有发现明显征兆的时候容易解决。贵公司研发‘医未脑医生’软件技术，做的正是‘医未病之病’的事情……建议贵公司以后在正式文件中都使用‘医未医疗’这个词。”

王博士笑一笑。笔者突然意识到他们早就知道这个道理，只是没有说给笔者听而已。笔者也会心一笑，真心地为他们取得的科研成果高兴，也真心地祝愿医未医疗取得更多更好的成绩。

陈永强

影石创新：创造核心竞争力

影石创新科技股份有限公司（简称“影石创新”或“影石”）的主要产品是360°全景相机，在国家“六基”领域中属于“关键软件”“先进基础工艺”领域；在深圳的“20+8”产业集群中，归类为“智能终端”产业集群。2021年通过国家级专精特新“小巨人”企业认定。2022年又通过了国家专精特新重点“小巨人”企业认定。2021年公司荣获国家级“制造业单项冠军”殊荣。

选择深圳创业

笔者来到宝安中心区一座现代、高档、明亮的写字楼采访影石创新这家影像公司，受到陈永强热情接待。陈永强（1992— ），公司联合创始人，黑龙江人，讲一口清晰悦耳的东北话。

话题从影石创新的创业经历谈起。公司2015年7月在深圳宝安区注册。公司创始人、董事长刘靖康（1991— ），广东梅州人，出生在中山市，毕业于南京大学软件学院。他的创业名声传遍国内外。2017年入选福布斯“2017年30岁以下亚洲杰出人物榜单”。2019年被授予第十届“中国青年创业奖”。2021年入选《财富》（中文版）“中国40位40岁以下的商界精英”榜单。

介绍公司情况时，陈永强的话语自信、乐观。公司来到宝安这块热土，发展迅速。笔者请他分析一下公司创业顺利的原因。陈永强说：“公司创业成功，天时地利人和缺一不可……”他充满激情的话语很感染人。

先说天时。陈永强说：“我们遇到了改革开放的好时代，中国走上了工业化的快速车道，这是公司创业的时代背景。2014 年国家提出了‘大众创业、万众创新’的口号，受到过良好教育的年轻人纷纷“下海”创业，或者加入科技公司研发的大军中。而且在创业资金供应方面也遇到了好时机，风投公司纷纷成立，深圳尤其是风投公司扎堆的资金池，为创业公司提供了极好的资金支持。资金是高科技公司发展的“血液”。影石创业时，得益于这样的时代红利，融资的过程相对顺利，极大地助力了公司的早期技术研发。”

次说地利。陈永强分析说，深圳是移民城市，五湖四海的优秀青年会聚到了深圳；深圳是全国最年轻的城市，因此影石也成为员工岁数最年轻的民科企业之一；深圳鼓励民营科技企业发展，是创业的热土，在这座城市里创业成功的机会比较多。影石最早是在南京创业的，搬迁到深圳的原因其实简单，就是年轻人多，可以满足公司对各种技术人才的需求；同时也被深圳完整的产业链、供应链所吸引，完整的供应链能够迅速找到配套的各种零部件，对创业特别有利。所以，2015 年公司搬迁。没有想到来到深圳后，发现各级政府的领导干部、工作人员非常贴心，真正关心民科企业的发展。领导们关心企业，不给企业添麻烦。他们看望企业，或者打电话征求意见时，挂在嘴上的一句话是：“我能帮你们做点什么？”这句话让创业的年轻人尤其感觉暖心。陈永强动情地评价说：“在初创企业早期的起步阶段，能够碰到如此贴心、实干的政府工作人员，我们都认为深圳来对了。”

再说人和。公司刚成立的时候，只有七八个人。现在公司员工已经增加到 1000 多人，公司业务发展到全球，在全球设立了 5 个办公地点；产品销售到了200多个国家和地区。刘靖康和陈永强是“90后”，公司员工平均年龄为28.5岁，团队年轻而富有活力。其中研发人员占比近50%，许多成员来自海内外名校。公司拥有许多国际技术研发人才。

创新是公司的核心竞争力

公司之所以拥有极强的创新精神，源头来自刘靖康，他是公司创新的灵魂人物。他在南京大学上学时就是一位奇才，人们送给他一个“技术帝”的头衔。2013年，他创办“名校直播”项目，带领20人的团队，一年内在全国六大城市、九大名校举办了200多场直播，打造出“V直播”品牌，获得天使轮融资。在这个项目中，仅他自己就研发了30多项技术。

2014年他看到了谷歌的Cardboard眼镜产品，又在网上看到国外一个团队在澳大利亚上空拍摄的360°全景的视频。这些信息触发了他新的想法，他决定全力以赴研发VR全景相机，能够在一张照片上拍出360°的全景场面。听起来很难，但刘靖康迎接挑战，制造出了这种奇幻的相机。为此他成立Insta360公司，生产出了“Nano”第一代产品。该产品采用插卡技术，解决了以前这类照相机采用Wi-Fi方式传输照片速度太慢的痛点。所谓“Insta”的意思是“及时”，能够做到照片“即拍即得”，这是公司第一项颠覆性的技术。按照刘靖康的话说：“这是我们的起点。”Nano相机获得了2017年美国拉斯维加斯消费电子展(CES)创新奖，产品热销，并连续3年获得CES的创新大奖。

公司搬迁到深圳宝安后，如鱼得水，迅速发展起来。短短几年内，公司成为全球全景相机领域市场占有率第一的中国品牌。研发生产出了专业级VR全景相机，开创了消费级如全景运动相机、拇指运动相机、配备翻转屏的一体式广角运动相机等多种全新摄影品类。

听着陈永强对影石多样技术的介绍，让人有一种眼花缭乱的感觉。为了方便读者理解，下面介绍一下技术细节。

一是 VR 技术。所谓 VR（Virtual Reality，缩写为 VR）是“虚拟现实”技术，简单说是借助计算机等设备产生一个逼真的三维视觉世界，从而使人产生一种身临其境的感觉。用影石的全景相机，既能生成现场实况全景画面，又能延伸到虚拟世界，呈现一幅奇妙的景观。

二是全景，也就是 360°画面技术。一台相机怎么能够拍摄出无死角的全场景图呢？语言解释不如实际操作更容易理解。陈永强让工作人员拿来一台全景相机，相机有手机一半大小，下面连着一根黑色的自拍杆。笔者举起相机拍摄，拍出的照片显示在平板电脑屏幕上。相机的视角在我们的头顶上，类似无人机俯拍的效果。笔者用手指在平板电脑屏幕上滑动，可以看到会议室的每个角落。笔者注意到了一个细节：照片里面的笔者手握拳头状，好像握着什么东西，但手中的黑色自拍杆看不见了。工作人员解释说，这是通过技术处理，将自拍杆隐藏起来了。这太神奇了！

三是拼接技术。从原理上讲，相机是用几个镜头同时拍摄出若干个画面，但是把这些图片素材无缝、自然地拼接在一起，要靠合适的算法技术。

四是防抖动技术。凡摄影者都知道，相机重，防抖性能会好一些，相机轻则反之。影石相机体积很小、很轻，防抖性能却很好。2019 年影石推出了一款仅重 18.3 克的拇指防抖相机 Insta360 GO。相机虽然小，拍出的画面却不抖动，被称为新一代短视频神器，成为跑步、滑雪、骑自行车等运动健儿的至爱。

五是防水技术。影石相机在 10 米深的水中实现裸机防水，搭配特制的潜水壳可以实现 50 米防水。潜水者可以带着这款相机在水中自由游泳，拍摄神秘的水底世界和五彩缤纷的鱼类。

这样的神奇相机，使用者不可能不喜欢。因此影石相机一上市就风靡全球，收获摄影爱好者的青睐，销售量直线上升。

在介绍了影石创新各种技术成果后，陈永强说的一句话给笔者留下了深刻的印象。他说："公司科技研发第一秘诀是不断创造领先的技术。"笔者对他的话这样理解：以上列举的各种技术，其实大多数在市面上仍是空白领域，但影石无畏困难、突破常规地进行升级迭代研究，才开创了自己独到的核心技术；而且更重要的是将各种技术集成在小小的相机上，能够帮助使用者真正更好地记录和分享生活。再引申一步说，影石创新之所以在研究新技术方面有无穷的动力，是因为它能够着眼于消费者的需求。只有使用者想不到，没有研发者做不到。消费者的奇思妙想就是公司技术研发一个接一个的题目。

影石创新从公司成立起，一直表现出对技术研发的高度热情和令市场惊喜的研发能力，这种创新精神是公司的核心竞争力。正因如此，短短数年间，公司已经登记国内外专利过千件，在全球影视行业中知识产权数量排名第一。影石的产品接连获得 2020 年德国 IF 设计大奖、2020 年德国红点设计大奖、日本优良设计大奖等国际知名奖项。

新型照相机改变生活方式

影石拥有十分独特的创新技术，但技术好并不见得就能得到市场的热捧。而影石的产品能够风靡全球市场是怎么做到的呢？在这里再简单介绍一下刘靖康开发市场的独门绝技。

影石第一款相机 Nano 推向市场后开始销量不错，后来一段时间销量有一点下跌。2017 年刘靖康将相机绑在一只老鹰身上冲上天空进行拍摄。观众们通过视频从老鹰的视角看到了高空翱翔俯视大地的新奇画面，激发了消费者对全景相机的购买热情。这件事让公司的高管们认识到，消费是需要引导的，消费者不一定能准确描述自己的需求，企业家要善于挖掘市场需求。在刘靖康看来，不断开发新技术固然重要，但挖掘表现场景内容的能力也不可少，两者都是影石的核心创新力。

从此后，公司注意与使用者密切合作，为此设立了影石“Think Bold（大胆想象）挑战基金”，面向全球用户征集创意内容。通过该方法，建立一个个用户共创生态模式，不断拍摄出各种各样新奇酷炫、感觉独特的画面，并上传到网上与消费者分享。例如，滑雪冠军飞驰林海雪原的极速场面；北京冬季奥运会上不可思议的竞技画面；一位外国小哥坐在轮椅上玩滑板狂飙的身影；一个国外的“蜜蜂老爷爷”把相机叼在嘴里奔跑在花田里的童趣；一位攀岩者用影石 Titan 相机拍摄出《徒手攀岩》的纪录片获得奥斯卡奖；等等。到目前，国内外已有数十个影石全景相机玩法的视频上线，点击量突破百万次，这些视频既提供了赏心悦目的画面，又增加了相机市场销售量。

产品优秀，开拓市场才有底气。2020 年以来影石的发展迅速。据海外著名咨询机构弗若斯特沙利文公布的研究数据，影石公司 2022 年全球全景相机市场占有率达 50.7%，超过了理光、Go Pro 等原来行业内的领先者。

影石全景相机由于功能出色，越来越多地被用于重要大型活动的采访和记录，让观众看到了从未见过的宏观场面和独特角度。可以举出以下一些事例。

2019 年 10 月 1 日，在庆祝中华人民共和国成立 70 周年阅兵活动中，新华社、中央电视台等首次使用影石 Titan、Pro2 等照相设备，进行多机位 5G VR 直播，用全新的手段出色地完成了全场的新闻报道工作。

从 2020 年开始，中央电视台连续在三届春节晚会上使用影石专业级 11K VR 相机等设备，记录下了春晚舞台上的一个个精彩瞬间，并在央视春晚上播出。360°全方位视角让观众对舞台上的场地一览无余；VR 技术拍摄的精彩镜头，让观众身临其境欣赏一场美轮美奂、精彩无比的节目。

2022 年 2 月北京冬奥会赛场，冬奥会组委会主媒体中心大量采用影石 5G VR 全景相机设备，在不同的比赛场馆放置多台相机，全景直播各项精彩冰雪赛事。相机捕捉到运动员比赛时的精彩瞬间，不但让观众通过手机方便地观看，而且使他们能够获得身临其境的观赛体验，分享运动员夺冠时刻的喜悦。

最激动人心的画面要算我国宇航员乘坐神舟飞船归来出舱重要时刻的场景。笔者看到了 3 幅照片，分别记录了神舟十三号、神舟十四号、神舟十五号载人飞船返回舱着陆的画面。这些清晰、生动的照片是用影石 VR 全景相机拍摄的。

影石全景相机已经被广泛地应用于远程智慧医疗、沉浸式课堂教学、全景看房购房、智慧物流远程观看库房流水线、智慧工厂监控管理生产线设备、公安系统警务机器人现场协助执法等各领域。影石相机被广泛应用于各行各业各种场景的趋势已经形成，其市场潜力无可限量。

笔者甚至还看到了美国人使用影石全景相机拍摄的一些图片资料。2017 年美国《时代》杂志使用影石相机 Pro2 对天空中发生的日食现象进行 360°全景直播。还有一张图片拍摄的是美国国家航天局在报道火星探测器“洞察号”探测火星时，使用影石 Pro 全景相机进行直播报道的情况。

采访中，陈永强全面介绍了影石公司的企业理念和企业文化。公司的使命是：“帮助人们更好地记录和分享生活。”公司的愿景是：“成为世界一流的智能影像品牌。”

笔者仔细地领会、琢磨他的话语。影石无疑是一个十分有潜力的年轻公司。公司研发人员的无止境追求和不懈努力，给消费者提供了最优秀的产品。通过影石的全景相机，我们能够方便地记录各种事件，分享生活的快乐。笔者感觉，影石不仅很好地实现了自己的理念，完成了规定任务，更重要的是在改变人们的生活方式。有了影石的产品，我们观察世界的视角更广泛，了解事物更细致，从而对人类生活的地球家园也会有不一样的感觉，让大家对生活更充满热爱、加深了对生活意义的理解。

祝愿公司发展得更好、更快。

第三篇　特色利器

何谓特色化

“特”在《诗经》中就已经出现，原意说的是公牛。后来有了特别、杰出的含义。特色，是指人或事物独特的风格、格调、样子或情景等。独特，就是不普通，与众不同，引人注目。

经济管理理论中的“特色化”，说的是一种差异化。差异化，就是人无我有，人有我优，人优我特，人特我转（行）。对于企业而言，差异化战略，就是努力使企业产品、服务、企业形象等与竞争对手有明显的区别，以获得竞争优势。差异化战略的内容包括产品的差异化、服务差异化和形象差异化等。

工信部对特色化方面的要求是：技术和产品有自身独特优势，主导产品在全国细分市场占有率达到 10% 以上，且拥有较高知名度和享有较高影响力；拥有直接面向市场并具有竞争优势的自主品牌。

李敬宇

威远精密：高质量高速度发展

深圳市威远精密技术有限公司（简称“威远精密”或“威远”）成立于2002年9月，其主营产品为滚珠丝杠副，该产品在国家“六基”领域中属于“核心基础零部件”和“核心基础元器件”领域，服务对象是高端数控机床和机器人。在深圳的“20+8”产业集群中，工业母机、智能机器人、智能网联汽车，高端医疗设备都用到它的零部件。2022年，威远获评国家级专精特新“小巨人”企业，其产品的市场占有率在国内品牌中排名前三，技术水平排名第一。

一家都是科技人

笔者接触威远时间比较早。20多年前，笔者跟随深圳中小企业发展促进会参加展会，认识了当时威远公司的老李总李一前先生。有一天，笔者到威远的展台参观其展品，看到崭新、精密、银光闪闪的丝杠，请教老李总这些产品的用处。老李总回答说：“这叫滚珠丝杠，是用于工具机械和精密机械上的传动元件，其主要功能是将旋转运动转换成直线运动……”看着笔者一脸茫然的表情，老李总说：“举个例子吧。飞机扔炸弹时，怎样控制其爆炸时间呢？就是用滚珠丝杠控制的。炸弹出飞机弹仓时，丝杠开始工作；炸弹落地时正好爆炸。”老李总讲的情景给笔者留下深刻印象。老李总最后补充说：“制作丝杠要靠尖端的技术。”

多少年过去后，笔者与威远公司领导见面时，已经是李一前的儿子李敬宇接班了。前几年跟随深圳展团去巴西圣保罗参展、去德国汉诺威参展，都是由小李总具体负责。威远精密的展品在展会上表现出色。

采访小李总时，笔者谈起了与老李总接触的往事，称赞他能够顺利接班。小李总自豪地说：“我爷爷从事军工行业，父亲开始创业，如今轮到我了。”原来他家从爷爷到父亲，再到李敬宇已经传了三代，是真正的技术世家，令笔者肃然起敬。

李敬宇出生于南京，成长于深圳。他 10 岁时随父母来到深圳，就读于明华学校（后改名南油小学）。大学就读深圳职业技术学院与英国胡弗汉顿大学的中外合作办学项目，前两年在深圳读金融与经济专业，之后在英国读两年管理学专业，取得硕士学位，学习了专业知识，开阔了眼界。

尽管有国内外求学的经历，学习的知识面也比较宽，但李敬宇回国工作几年后，仍然感觉知识储备不足，他又报考了西南财经大学，攻读了博士学位。经过充足的知识与技术储备，李敬宇正式成为公司总经理。

数次决策谋发展

威远公司在 20 多年的发展中，做出过几次重要决策。

第一项决策是将产品打入国际市场。

这个决策是由老李总做出的。李一前有一位同学是我国驻外的贸易代表处主任。他对李一前说，要积极参与国际竞争，努力让中国产品打入国际市场。同学建议公司多参加国际展会，进行品牌推广，多与国外企业交流，选择合适的经销商、代理商，逐步让产品“走出去”。虽然花费巨大，多年来威远坚持参加各种展会，逐步打开了局面。威远的国外市场主要在欧美等国，威远成为国内第一家将丝杠产品装满集装箱销售到美国的中国企业。俄罗斯的宇航中心也采用了威远的产品，因为它有效解决了真空环境润滑关键技术的“卡脖子”问题。至今，威远公司铆钉枪专用滚珠丝杠副产品占美国市场的80%以上。

第二项决策是实现国产化。

滚珠丝杠技术要求高、技术攻克的难度大，因此在很长一段时间里，国内高精密产品一直依赖进口，这是一项“卡脖子”技术。威远公司决定攻克这个技术难关。经过多年的自主研发，建成了国内第一条具备完整自主知识产权的冷旋压丝杠生产线。2019年在国内牵头制定了《滚压滚珠丝杠》团体标准。威远丝杠凭借自主核心技术及滚压成型先进制造工艺，不仅实现了生产效率高、节能环保，而且产品具备综合性能优越、质量稳定的特性，因而成功实现进口替代，打破长时间被国外产品垄断市场的格局。威远践行产品高质量，厉行发展高速度，在国内外市场增长迅速。威远公司生产的小直径、大导程滚珠丝杠副是国内唯一可以与进口产品相媲美的产品。

第三项决策是将生产基地迁到安徽滁州。

做出这样的决策，与深圳土地资源日趋紧张、企业发展受到环境约束有关。在滁州，威远公司建起了环境优美、厂房宽敞的现代化工厂，生产能力成倍增长。让李敬宇没有想到的是，搬迁决策不但让公司有了一个规模巨大的科研生产基地，而且还有意外的收获，为公司产品进入长三角发达的汽车行业创造了条件。汽车是继房地产后又一个万亿元级规模的行业。滚珠丝杠副是汽车上的重要零部件，用于汽车的转向、刹车、换挡等多个总成系统中，具有无限的发展潜力。对于公司来说，从高楼林立的都城闹市，来到土地平旷的广阔天地，能够在希望的田野上辛勤耕耘，收获丰富的果实。

填补技术空白

威远精密在技术上有哪些突破呢？李敬宇介绍，公司的核心技术非常多。例如，微米级的加工技术，亚微米级的测量技术，等等。而最重要的当数材料，对钢材有特殊的要求。

这是一项关系威远精密的核心技术，其攻关过程值得详细讲述。国产的滚珠丝杠产品质量为什么不如德国的产品？原因之一是钢材后处理技术有待提高。滚珠丝杠的用材，在热处理方面有特别严格的要求。滚珠丝杠产品要想国产化，要让国产质量达到国际先进水平，必须重视这个关键技术。

董事长李一前为此事亲自出马。他先到钢铁研究总院提出问题、深入研究，制定技术方案；接着，来到宝钢特钢厂委托冶炼加工；又将生产出的钢材成品送回钢铁研究总院做性能分析；再回到钢铁厂改进冶炼技术……经过如此几个来回，终于炼制出了具有完整自主知识产权的国产优质中碳钢 -WY1060。这是一种符合滚珠丝杠使用的特种钢材，经国家钢铁材料检测中心检验，此种材料的性能达到了国际同类钢材水平。威远有了合适的特种钢材，再加上各种先进的制造技术和工艺，终于生产出了可以与德国产品媲美的滚珠丝杠产品。李一前董事长自豪地说："威远是国内第一家技术与德国博世公司同步的企业。"这种情况就像是找到良好的食材后，威远手艺精湛的"厨师"就能做出口感一流的"美味佳肴"了。

经过国家有关技术部门的评定，威远的自主研发项目"滚压滚珠丝杠副及关键制造技术"成果总体技术及应用达到国际先进水平，荣获安徽省科学技术奖三等奖（省级）、广东省机械工业科学技术奖二等奖（省级）。威远拥有 30 多项专利（其中发明专利 8 项），拥有滚珠丝杠产品完整的知识产权体系。公司产品远销到美、德、法、俄、英、意、土、新、韩等 30 多个国家。

为庆祝改革开放 40 周年，2018 年在北京举办第二届中国经济峰会，威远公司受邀参加峰会，并邀请李一前董事长作主旨发言，公司获评“中国经济创新企业”；李一前董事长荣获“影响深圳装备工业创新发展领军人物”称号；李敬宇总经理荣获“全国机械工业劳动模范”“影响深圳装备工业创新发展创新人物”称号。

李一前董事长称赞深圳是民营企业创业的热土。他说：“改革开放给了我们展示的机会，深圳这块热土成就了我们的事业。深圳的创新精神一直激励着每位威远人当一名好工匠。”他对公司未来的发展充满了信心，他给公司的年轻人写了这样一条寄语：“心守诚信，甘愿担当；乐于创新，质造强国。”

唐可信

志奋领：传感器技术的执着追求者

深圳市志奋领科技有限公司（简称“志奋领”或“志奋领科技”）的产品是传感器，在国家“六基”领域中，属于“核心基础零部件”和“核心基础元器件”领域；在深圳的“20+8”产业集群中，属于“智能传感器”集群。2022 年，志奋领被评为国家级专精特新“小巨人”企业。

从销售到创业

唐可信是公司创始人、总经理。笔者与他认识是在国外的展会上。

初次见面是在 2017 年伊朗德黑兰国际工业展览会（TIIE）上，这是深圳市中小企业发展促进会首次带领深圳参展商到伊朗参展。展位上，唐可信热情、自信的神态让人印象深刻。在展位上他一刻都闲不住，热情地跟参观者打招呼，不厌其烦地向客商介绍公司参展的各式各样的传感器产品。笔者好奇地凑上去，听他介绍自己公司的传感器技术如何先进、外观设计如何漂亮等，说得很在理，让人信服。产品技术性能究竟如何笔者不敢乱评论，但产品精致的外表堪与欧洲产品媲美。

第二次见面是在 2018 年德国汉诺威工业展上。汉诺威工业展号称全球工业第一展，全球最著名的工业企业都在展会上同台竞技。由于深圳中小企业力量实力比较弱，展位被安排在边边角角的地方。但是两家企业别出心裁，在主要展馆的中心位置租了一个展位。由于位置比较好，加上特殊装修，十分引人注目。其中一家就是志奋领公司。这一次参加展会，摸索了中小企业在实力不够的情况下怎样合作共同搭建展场的经验，取得了很好的效果。

也是在这一年，志奋领被评为第五届深圳市自主创新百强中小企业，唐可信本人还获得了十佳中小企业创业英才的称号。从参加汉诺威工业展和被评为自主创新百强中小企业这两件事，就可以看出志奋领已经有了相当的实力。

在与唐可信见面时，我问了他创业的过程，他简单作了一些介绍。2005 年唐可信到苏州西门子公司工作，负责市场营销工作。由于他勤奋吃苦，成为公司的金牌销售者。这段经历让他学习到了德国企业的严格管理制度和德国人的工匠精神，极大地开阔了自己的视野。

2007 年唐可信来到深圳创业。他先后进入两家公司，都因觉得与自己的理念不大合拍而主动退出。2010 年他创办了深圳市志奋领科技公司。笔者问他公司“志奋领”的含义，他回答说：“志就是励志，奋就是奋斗，领就是希望能成为行业领军者。”创业有大志，目标定得高，创业的火焰在唐可信的胸中熊熊燃烧。

从模仿到自主研发

志奋领聚焦工业级智能传感器技术，研发生产系列产品。

自从认识了唐可信，听他在展会上介绍产品，笔者也慢慢地加深了对传感器技术的了解。传感器（英文名称：transducer）是一种信号转化装置，将产品有关的信息，变换成电子信号而被识别。可以用人体做比喻，人靠着眼、耳、鼻、舌、皮肤产生视觉、听觉、嗅觉、味觉、触觉，从而认识世界。万物相连，互相感知，则要靠各种功能的传感器。

所谓产品“智能化”，就是通过具备各种功能的传感器识别电子信号。有学者将电子元器件的基本感知功能分为热敏、光敏、气敏、力敏、磁敏、湿敏、声敏、色敏、味敏、放射线敏等十大类。

我们曾经参观过西门子的位于德国巴伐利亚州的安贝格工厂。工厂里有最智能化的生产线，叫作“自组织生产”。怎么做到这一点的呢？工程师们开发了一个名“电子谷物”（E Grain）的智能小零件，大小与苞谷粒差不多，自身包含存储器、传感器、标准接口、电池等。有了“电子谷物”，被加工件就有了自己“思考”、做判断的能力。需要钻孔，机械臂就送来钻头；需要焊接，机械臂就送来焊枪。产品自己生产加工，完全不需要人管。产品之所以像活物一样自我做主，靠的就是传感器。

唐可信在谈选择传感器作为公司的主导产品的原因时这样说：“互联网已经成熟，物联网后来者居上。随着物联网经济的快速发展，会出现‘万物可感、万物互联’的市场需求，传感器作为连接万物的技术手段，将会成为最有发展前景的产品领域之一。”

志奋领研发面向计算机（Computer）、通信（Communication）和消费电子产品（Consumer-Electronics）“3C”电子产品，面向新能源、半导体制程、医疗电子和服务机器人行业等，提供包括高精度定位、图像识别、精密测量以及安全避障在内的精密智能和AI传感解决方案。

要解决如此高难度的技术问题，当然需要建设一支力量强大的技术研发队伍。如今公司团队规模已达到300人，其中研发人员占比超30%，其核心团队来自西门子、华为、英特尔、霍尼韦尔、伊顿、西克、基恩士等知名企业，会聚了一批业界优秀的科学家和工程师。公司在深圳和长沙设有研发中心，拥有的核心专利超过120项。

从办工厂到打造品牌

在志奋领科技创始人、CEO 唐可信看来，工业智能传感器除了做好底层技术之外，还需要提升品牌力，构建销售网络。公司成立最初以代理德国工业传感器品牌为主。2011 年创建了自己的明治传感器（meijidenki）品牌，与中国台湾SCAN公司战略合作，形成了最初的产品线，并在 2014 年开始自主研发工业光电传感器产品。

如今，志奋领科技已建设起精密定位传感器、深度学习传感器、精密测量传感器、安全避障传感器等四大产品线，产品覆盖 14 个品、93 种不同系列。其中，最核心的是精密定位传感器和精密测量传感器两大品类。

唐可信为公司制定的品牌战略是“日美技术，中国价格，进口替代，渠道优先”。依靠深圳的产业链优势，公司集研发设计、制造、服务于一体，将传感器的生产成本降到了进口产品的 50%。公司传感器产品年产能达千万只。全球代理商已超过 200 家；客户达 1.6 万家以上，遍布全球 60 多个国家及地区，包括苹果、华为、富士康、三星、比亚迪、ATL、三一重工等大企业客户。公司营业收入持续增长。2021 年实现营收入近亿元，其中国际市场营收入约占 1/5。2022 年营收入增长 120%。

谈到公司的发展策略，唐可信对笔者这样说，公司的理念是追求向下击穿底层技术、向上不断攀登技术高峰。他的话让笔者想到了任正非“向上捅破天，向下扎到根”的说法，两者的理念接近。

这是一条艰巨的攀登之路，但唐可信不怕。他身上有湖南人“吃得苦，耐得烦，不怕死，霸得蛮”的性格特点，认准的道他一定要走到底。

唐可信还说：“与同行相比，我们走差异化发展路径，不断向客户提供高品质、高精度、智能化的工业传感器产品，提供一站式用户体验。”在专精特新概念中，这属于“特色化”，即采取差异化战略，以获得竞争优势。

由于志奋领目标定得高、技术攀高峰、经营有品牌，得到了投资界的青睐。2022 年完成近千万级美元 A+ 轮融资。投资界之所以对志奋领从事的行业感兴趣，是因为传感器行业是一个新兴发展的行业。据 Markets and Markets 报告提供的数据，2021—2026 年，全球工业传感器市场规模预计将以 9.1% 的复合年增长率增长，从 206 亿美元增长到 319 亿美元。得到了活水滋养的志奋领，进入了发展快车道。

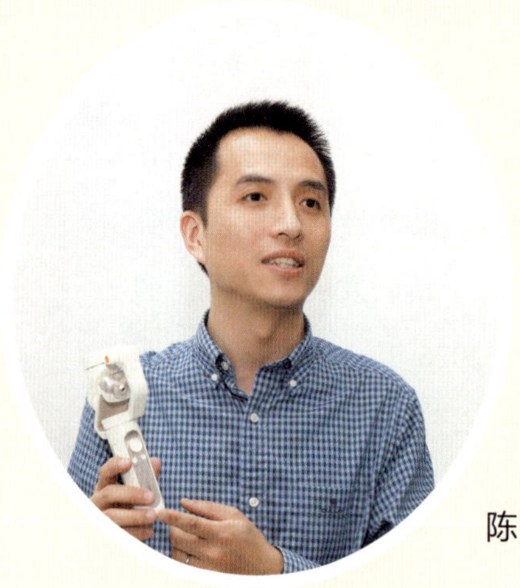

陈敏

浩瀚卓越：为了消费者享受美好生活

深圳市浩瀚卓越科技有限公司（简称“浩瀚卓越”）的产品是智能影像稳定器。在国家“六基”领域中，属于“先进基础工艺”和“产业技术基础”领域；在深圳的“20+8”产业集群中，属于“智能终端”和“智能传感器”集群。2022年，浩瀚卓越被评为国家级专精特新“小巨人”企业。

闭门讨论，决定研发生产智能影像稳定器产品

深圳市浩瀚卓越科技有限公司成立于2014年。

公司成立之初，陈敏召集几位骨干，关门三天两夜召开一次重要会议，讨论公司做什么产品、如何发展。这既是一次头脑风暴会，大家畅所欲言，发表高见；又是一次重要决策会，作出的决策将关系公司未来发展的前途。经过昏天黑地的讨论、言辞激烈的交锋，最后终于达成共识：研究开发手机拍摄稳定器。

做出这样的决定出于以下三个因素。一是市场有良好的前景。2000年前后，随着智能手机拍摄功能的完善，中国的短视频和直播迅速兴起。大家隐隐感觉到，这个市场无可限量。

二是公司有技术积累。公司的技术团队原来从事与陀螺仪、精密运动控制有关的技术研发，这是公司立身的技术基础，也是有利于公司研

发新产品的条件。虽然当时手机拍摄短视频很方便，但也存在不太好掌握的问题，拍出的画面不清晰、不稳定。当时市场上开始出现一些方便手机拍摄的拍摄杆，但功能简单、效果不好。公司在这类技术研发方面应该大有作为。

三是陈敏个人有较好的从业经历。陈敏是江西宜春市人。父亲是机关干部、母亲是教师。家庭环境让他受到了良好的教育。他本科就读于桂林电子科技大学通信工程专业，研究生学习的专业是信号与信息处理。2008 年毕业后来到深圳，就业于一家医疗器械公司。工作专业对口，7 年时间里 3 年做代码开发、2 年搞技术管理、2 年负责项目和产品线的规划，得到了全面的锻炼，这为他后来创业、带团队、管理公司打下了良好的基础。简单说，公司有一个好带头人。

大家经过深入细致的分析、反复论证，最后作出了决策：将手机拍摄稳定器作为主打产品。陈敏说："大家达成了共识，短视频和直播市场会越来越火，将会促成形成个人影像拍摄终端设备的巨大市场，手机拍摄稳定器产品会大有前途。市场需求就是研发的信号。我们要不断地研发新技术，帮助用户能够更好地使用手机去创作、分享作品。让拥有手机的人能处处发现生活中的美、享受生活的乐趣。这个目标值得我们不断地去辛勤耕耘。"陈敏把技术研发问题上升到满足人民日益增长的文化生活需要的高度，让团队有了不断攻克技术难关的源源动力。

公司很快研发出了自己的新产品。2016 年 1 月浩瀚卓越在美国 CES（拉斯维加斯电子展）上发布第一款自带蓝牙和 App 智能交互的手机稳定器，这是第一款具有人脸追踪功能的手机稳定器。有专家评价说："浩瀚卓越发布产品是稳定器行业快速迈向智能化的重要里程碑事件。"浩瀚卓越的产品大受消费者欢迎，进入了北美 800 家线下店。后来浩瀚卓越不断参加 CES 展，2020 年浩瀚卓越在展会上发布全球最轻的三轴可折叠手机稳定器 iSteady X，再次获得创新大奖。

背水一战，创建自己的品牌

浩瀚卓越的产品在美国市场上一炮打响，销售数量不断上升，看起来形势非常好。但当时公司采取的市场销售策略是贴牌方式。产品贴的是美国公司的品牌，浩瀚卓越公司根据订单制订自己的生产计划。这样做的好处是公司不用操心市场，能够快速出货。这样做还有另外一个重要原因：如果不用贴牌的方式，中国企业没有美国供应商的代码，产品虽好但拿不到进入美国超市的许可证；使用贴牌的方式，这个问题就解决了。

然而这种商业模式很快出现新问题。美国供应商每次下订单都要进行新一轮压价。公司的利润越来越薄，不但没有办法为新产品的研发持续不断地投入资金，甚至难以维持公司的简单再生产和积累壮大。

在这种情况下，公司不得不再次讨论：是继续做贴牌生意，让公司勉强维持度日；还是放弃贴牌方式，走上自创品牌的道路？后者意味着走一条艰难的创业道路。此时公司成立不久，羽翼未丰，公司规模小、力量小、资源少，如果自创品牌，就要停掉贴牌生意，背水一战；如果自创品牌不顺利，公司就有可能倒闭。说当时公司面临生死抉择并不夸张。

2018 年，陈敏在与伙伴们进行深入讨论后最终作出决策：前面的道路再艰难、公司前途再危险，也应该走自主创新、自创品牌的道路。当时从中央到地方，各级党委和政府都在鼓励企业走自主创新的道路，中国大地上正在掀起一股自主创新的热潮。在这种背景下，浩瀚卓越并不孤独。大家再次达成共识：中国企业要想崛起，就一定要自主创新、自创品牌。这既关系中国企业是否拥有自己的核心竞争力，也关系中国企业的荣誉。陈敏感觉心中有一团火在燃烧，于是带领公司义无反顾地走上了自创品牌的道路。

天助自强者。浩瀚卓越又一次遇到了好运气。此时，电商和线上销售的新销售模式兴起。公司积极登上亚马逊网站，绕开了美国供应商的壁垒，将产品直接销售到欧美消费者手中。浩瀚卓越式样新颖、技术先进的产品，受到了消费者的追捧，取得了不俗的销售成绩。公司不但立住了脚，而且销售量连年节节攀升。浩瀚卓越的移动设备稳定器成为户外运动爱好者运动相机的“最佳伴侣”。

创业热土，让浩瀚卓越进入发展快车道

2022 年 8 月，孙利会长带领深圳中小企业发展促进会一行人到浩瀚卓越调研，笔者随行近距离观察了公司的产品。只见公司的展示厅里，摆满了琳琅满目的产品。陈敏热情地向大家介绍演示各种型号的产品。陈敏的口才非常好，思路清晰，滔滔不绝，大家受到了感染。陈敏拿起一个产品进行演示，产品很智能，有特色。他将产品放在一个架子上，随便我们在场地里走来走去，镜头始终盯着我们；产品就像一个好奇的孩子，眼睛始终盯着来访的陌生人。旁边有一个跑步机，陈敏边在跑步机上跑步，边用手机拍摄，跑步机运动的速度和他跑步时的动作变化，竟然没有影响手机捕捉画面。陈敏又播放了一些公司产品拍摄的广告画面，只见镜头里，蜜蜂嗡嗡飞舞，蝴蝶扇翅翻飞，兔子蹦蹦跳跳，小鹿极速飞跑，无论拍摄对象怎么样奔跑跳跃，镜头始终追随着对象不跑偏，而且画面十分稳定、清晰。大家感觉真的很神奇，笔者不禁赞叹：“要是我拿着这样一个手机稳定器，何愁拍不出来优秀的短视频作品？”陈敏有点得意地回答说：“记录当下，享受美好。一机在手，走遍天下。无限风景尽收眼底，精彩瞬间无一遗漏……大家都成为优秀摄影师！”众人鼓掌，深表同意。

浩瀚卓越的产品表现如此优秀，是因为有强大的技术支撑。陈敏

介绍，公司自成立以来一直在技术研发上下功夫，大投入，攻难关，多迭代，不断向技术高峰攀登，在这一行中始终走在技术进步的前面。例如，浩瀚 Pro4 可用于跑酷、骑行、滑雪等极限运动场景。浩瀚 Pro4 · IPX4 级整机防水，无惧雨雪天气；14 小时强劲续航，支持反向充电，可用作运动相机的充电宝。浩瀚 iSteady V2，将 AI 视觉传感技术融入稳定器智能拍摄中，取得极稳定的运动画面，该产品获得了德国红点设计大奖。2023 年推出的浩瀚 M6 是一款专业级手机稳定器，使用了磁吸 AI 跟拍模块，灵敏度和精准度均大幅提高……

浩瀚卓越已注册专利 100 多件（其中包括有海外的 PCT 专利权）。品牌覆盖 50 多个国家和地区，获得了全球数百万的用户认可。公司的手机拍摄稳定器占据海外线上 25% 的市场份额，全球运动相机稳定器 70% 的市场份额，亚马逊平台手机拍摄稳定器销量第一，产品热销全球 50 多个国家和地区。

2022 年，浩瀚卓越被工信部认定为第四批国家级专精特新“小巨人”企业。陈敏认为，国家级专精特新“小巨人”企业培育工作抓得好，将资源向表现良好的中小企业集聚，让浩瀚卓越进入了发展的快车道。他谈到了公司在深圳参加专精特新“小巨人”企业培育，给公司带来了实实在在的帮助和好处。公司得到了市、区两级政府的大力帮助，享受了许多优惠政策。原来到银行贷款是比较困难的事，现在银行经理亲自登门提供优质服务。陈敏由衷地说：“深圳是智能硬件科创企业者的天堂，也是全国营商环境最好的城市之一。对于智能硬件科创企业来说，深圳简直无可挑剔。深圳有着全球首屈一指的产业链优势，帮助我们这样的科创属性的智能硬件企业快速地从创业初期进入成长期。”

2023 年，浩瀚卓越的荣誉继续到来。2023 年 3 月 24 日，在“2023 年深圳市专精特新企业发展论坛及第七届自主创新百强中小企业颁奖盛典”会议上，浩瀚卓越入选自主创新百强企业；陈敏被评为十佳中小企业创业英才。

3 月 29 日，浩瀚卓越再次获得殊荣，入选 2022 年广东省级制造业单项冠军企业。陈敏说，下一步公司还将努力评上国家级制造业单项冠军企业。

徐鹤峰

绘王趋势：创新绘出企业发展美好蓝图

深圳绘王趋势科技股份有限公司（简称“绘王趋势”或“绘王”）的产品是电磁式笔迹手写设备，在国家“六基”领域中属于“核心基础零部件”领域；在深圳的“20+8”产业集群中，归类为“数字创意”产业集群。2020年通过国家级专精特新“小巨人”企业认定。2022年又通过了国家专精特新重点“小巨人”企业认定。接着获广东省2022年省级“制造业单项冠军企业”荣誉。

创办企业，争取产品议价权

徐鹤峰本科毕业于中国地质大学市场营销专业。1998年，他从家乡江苏来到深圳创业。与许多创业青年一样，他也在华强北街起步，从事手机零配件如手机镜片、触摸板、手机按键、电子元器件等半成品的生产和销售。凭借勤奋和灵活，他把生意做得风生水起。但是随着商业竞争越来越激烈，他感觉生意越来越难做。

于是他陷入沉思中，既考虑生意怎么做，也思考人生奋斗的哲学。他将自己的思考归结为三个问题：“你在哪里？你和谁在一起？你想干什么？”其回答：一是在深圳这座自主创新的城市，就应该有条件搞技术研发；二是要认真选择合作对象，你和谁在一起意味着你能站多高、走多远；三是在市场中寻找别人不注意的商机，做别人做不到的事，这样企业才会有竞争力。

就生意而言，不能一直满足于搞半成品，而是选择那些直接面对消费者的最终产品进行研发。这种产品要独特，要有技术含量，有广阔的市场前景。从经营的角度说，就是要有议价能力。这样做并不单纯为了盈利，而是要为企业从事技术研发积累资金。面对飞速发展的时代、瞬息万变的市场，只有不断地研发新技术，企业才能有自己的核心竞争力，才能在发展中处于不败之地。

2010 年，通过供货客户，徐鹤峰接触到了电子数位板产品，他灵光乍现，萌生了做数位板成品的想法。他与客户一拍即合，2011 年正式组建起了绘王趋势。创业的前三年，是企业发展最艰难的时期。公司面临着三大难题：没钱、没人（员工）、没客户。创业到这个时候，有人可能会退缩，徐鹤峰却咬紧牙关往前冲。为解决资金不足的问题，徐鹤峰卖掉了自己住的房子，保证公司有充足的流动资金。

为引进人才徐鹤峰四处求贤。他在一家外资企业找到了理想的技术人才，当时这位技术专家已有不错的收入和岗位，对冒险创业没有太大兴趣。徐鹤峰反复游说，谈创业的乐趣，论事业的前景，用一腔热情感动了对方，对方加入公司负责技术研发。

对于客户，徐鹤峰倒不是最着急。当时的全球数位板市场中，日本企业“一家独大”，在市场、技术、产能等方面拥有绝对话语权。要想撼动日企的垄断地位需要下功夫。“打铁还需自身硬”，有没有客户，关键在于自己的产品有无吸引力。日本产品虽然性能好，但是价格昂贵，普通人根本用不起。只要绘王的技术水平上去了，凭着产品物美价廉，一定能够打开一片市场。绘王在这一行业创业的初心是什么？就是希望能够研发制造出人人都用得起的中国品牌绘图工具。让笔迹数字化走进千家万户，成就美好生活，是绘王的使命！

永不止步，技术研发在路上

笔者在采访徐鹤峰时，跟他加上了微信，看到他的微信签名是“永不止步”。听他讲述绘王不断研发新技术的过程，看到公司陈列室里各种新奇产品的演示，笔者理解了“永不止步”的意思，这既是说技术上的永不止步，保证公司拥有核心竞争力；也是说在人生道路上永不止步，不断追求新的目标。

在采访中笔者问徐鹤峰：“在创业中做出最重要的决策是什么？”他回答说：“最重要的决策是确立了企业的自主品牌，并通过技术研发提升企业的核心竞争力。”先说创建品牌。公司具备一定的生产能力后，面临一个重要的选择：是走自有品牌道路，还是作为代工厂提供 OEM（原始设备制造商）、ODM（原始设计制造商）服务？徐鹤峰坦言：“在这个问题上我们迷茫过。”当时公司最大的客户曾提议，让绘王为其提供产品代加工、贴牌等服务。这是一条赚快钱的路子，对方会付一笔很大的代工资金收入，绘王的市场销售问题也迎刃而解。但最后团队还是抵制住了巨大诱惑，在 2012 年创立了“绘王 HUION”自主品牌，组建了自己的销售团队，开启了海外直销模式。

再说自主研发技术。事实说明，核心技术是学不来的，必须自己研发。好在绘王在这个问题上觉悟得比较早，坚持自主研发技术不动摇，一直对研发投入大量资金，技术研发队伍不断扩大。按照徐鹤峰的介绍，公司的核心技术是“电磁式笔迹手写输入”。该技术有以下几个特点：一是通过特制的手写笔在特定的介质上进行书写，实现如真实画笔般的书写体验，具有可修改、可识别、可保存、可检索的突出优点，大大提高创作效率。二是采用被动式电磁感应技术，此种笔无须充电或电池，没有续航焦虑。三是具有低延时性，感应灵敏，使用时能即时模拟真实笔锋的效果。四是下笔时笔尖精准，手眼合一，误差极小。

笔者问："在企业发展中遇到过什么困难？"他回答说："最大的困难是企业自我突破。企业从 0 到 1 发展固然艰难，但从 1 到 N 的发展才是最大挑战。在创业中，我经常思考如何突破迷雾看清企业当时面临什么样的局势，继续向前发展的关键点在哪里，等等。要想解决这些困难，迎接各种挑战，唯有不断地向优秀企业学习，在技术研发的道路上，不能停步，不能懈怠，不断往前走。"

笔者是外行，对徐鹤峰讲的技术问题似懂非懂。他可能感觉到了这一点，就带着笔者到公司的展示厅参观实物。展示厅里的产品琳琅满目。据介绍，公司有手绘板、手绘屏、数位一体机、智能平板、蓝牙手写板等多种多样的产品，可以满足不同客户的各种需求。

笔者看到有许多学生围绕各种产品绘画、写字。笔者看了一下他们五花八门的练习作业。有的用粗笔泼墨，涂抹出丰富多彩的颜色，绘出绚烂的幻想画；有的用纤纤细笔描绘出又细又密的线条，勾勒出一个线条的世界。有一个男生画出一片大海，海水里有一条水龙在飞舞，画面充满了透明感，煞是好看；有一名女生画的是城市生活图景，熟悉的景观却是卡通的效果，充满了童趣。

笔者特别注意到，这些绘画过程都是无纸化的。学生学会了绘画的技巧，放飞自己的想象力，却无须浪费大量的纸张，完全符合环保、低碳的要求。

笔者走到一个长条桌旁边，上面摆着两张纸。一张是真正的宣纸，前面的笔架上吊着几支毛笔，还有墨砚，可以挥毫写字。另一“张”是长条形的电子纸。徐鹤峰鼓励笔者试试电子笔。笔者走上去试写了一下，写出“好好学习”四个字。哎，真有用毛笔写字的效果，很神奇！

看完产品展示，对绘王产品的技术就容易理解了。徐鹤峰继续对笔者谈公司的发展战略。他说："绘王采取‘同心多元化’布局战略，以‘原笔迹’‘数字化’‘智能化’为核心，根据数字创意、电子化、数字化、智慧办公、教育信息化、用户增值服务等不同应用场景需求，进行多元化布局；在产品和服务方面，从二维向三维过渡，逐步推动‘硬件+软件+内容+服务’融合打造全触点用户综合体验，从产品研发、生产销售、内容服务多维度深度链接用户需求，为用户打造更高效、更智能的现代智慧生活……”这是一个宏大的发展规划。

绘王在技术研发上有许多亮眼的成绩。12 年里，绘王陆续推出了第一款无线数位板，开启产品无源无线时代，推出多功能一体签批屏、液晶蓝牙手写板、红外板双触控大屏等；研发了 Windows 驱动程序、macOS 驱动程序，率先推出支持龙芯等国产 CPU 和中标麒麟等国产操作系统，在硬件和软件方面不断推出创新产品。

求变创新，最好的绘图设备

徐鹤峰办公室的墙上挂着两幅字，一幅是“自律”，另一幅是“行有不得，反求诸已”。我们讨论了这两幅字，他解释说：“挂这两幅字是为了提醒自己：公司搞得好不好，原因在自己；遇到困难要克服，也要靠自己去努力……”这话说得好，让笔者想起了老子的话：自知者明，自胜者强。一方面，企业家是企业的灵魂，企业做得好坏根本原因在于企业家如何做事；另一方面，企业是企业家的镜子，企业的表现反映出的是企业家的为人。

绘王趋势不愿意做赚快钱的 OEM、ODM 代加工企业，而要创造“绘王 HUION”自主品牌，由此可以看出徐鹤峰独立的人格和创新精神。对于如何打造自己的品牌，徐鹤峰有自己的体会。他说，绘王坚持以用户的需求为先，而不是单纯追求以技术为先。反复调查市场动向，不厌其烦地与顾客沟通，找准顾客最真实的需求，然后用技术和设计去定义和研发产品。做出真正让顾客喜欢的产品。

为了增强企业的创新能力，绘王开始借助“外脑”。2021年公司与南方科技大学成立了校企科研型联合实验室，合作共建实体性科研平台。截至2023年7月，公司获得专利授权200项，发明专利授权21项；其自主研发的数位板产品获得中国创新设计红星原创奖、德国IF产品设计奖、德国红点奖、日本GOOD DESING设计奖、中国台湾金点奖、中国金芦苇工业设计奖等。绘王也有上市的打算，扩大绘王的企业规模，努力成为行业龙头。绘王在迅速向自己的目标挺进。

2023年4月，深圳绘王趋势科技股份有限公司入选广东省工业和信息化厅发布的2022年省级制造业单项冠军企业（产品）名单。笔者感觉绘王公司改了名字，翻开采访笔记，看到其原来的名字叫深圳市绘王动漫科技有限公司，于是询问徐鹤峰对公司改名的想法。他回答说：“改名的寓意是：顺势而为、跟着趋势走；被评为省级制造企业单项冠军企业，说明我们跟上了这个行业新技术发展的趋势……”对他的话，笔者深以为然。因为，绘王已成长为全球第二大数字绘画、笔迹书写设备及方案提供商。绘王的电磁式笔迹手写设备全球销量仅次于日本的WACOM公司，技术处于国际领先水平。公司产品销售到全球100多个国家和地区。

华强北艰苦创业，十二载砥砺前行。深耕于原笔迹手写行业，收获在新技术前沿阵地。公司在创业发展中书写了浓墨重彩的一笔；绘王成为这个行业的领军者。笔者仔细揣摩“绘王”一词的含义，可能是想在新技术绘画写字领域中称王。虎为山中王，一声吼叫而百兽震惊。中国企业就应该有这种气势。

马婷

网心科技：立足于边缘云计算

创业“三条件”缺一不可

深圳市网心科技有限公司（简称“网心科技”）于2021年被评为深圳市“专精特新”企业。2022年6月，笔者曾跟随深圳中小企业发展促进会孙利执行会长到网心科技调研。

网心科技的母公司是迅雷集团，这让笔者有了几分惊喜。30年前在深圳市文明办工作时，笔者曾了解到“中国发明家”邹德骏的创业故事，他曾被评为深圳文明市民；后来听说迅雷创始人之一邹胜龙是邹德骏的儿子，笔者也开始关注迅雷集团的发展情况，并且进一步了解到“迅雷”成为高速下载软件最好用的产品，曾获得“中国最成功十大软件”等称号。这是深圳创业热土上出现的传奇故事。上阵父子兵，创业有佳绩，让人赞叹。今天又知道了网心科技是迅雷集团的子公司，为此多了一份亲近感。

迅雷集团高级副总裁、网心科技首席运营官马婷女士及相关同事热情接待了我们一行。马婷女士在电子、半导体行业摸爬滚打25年，曾任爱迪德（Irdeto）中国在线业务大中华区总经理、瑞尔视（Real Networks Inc.）IP业务大中国区和北美区总经理、晶晨半导体（Amlogic）全球市场及销售副总裁、美新半导体（MEMSIC Inc.）首席运营官，经历丰富，业务专精，是出身科班的专家型人才。

在马婷女士等人的介绍下，笔者了解到网心科技专注的边缘云计算赛道，属于国家“六基”领域中的“关键软件”和“产业技术基础”领域；同时在深圳“20+8”产业集群规划中，网心科技属于“网络与通信”“软件与信息服务产业”两大集群。

马婷女士回顾网心科技创业的经验时，特别谈到了天时、地利、人和三个必备条件。这不仅是中华传统文化中的精华内容，而且无数经验证明，一家公司要取得成功，这三个条件缺一不可。

第一，天时。网心科技选择创业的时间节点，恰恰是移动互联网的主战场正从上半场的消费互联网，向下半场的产业互联网方向发展的关键时期。这是时代馈赠给头脑灵活、眼光敏锐创业者的礼物，数字经济是科技创新的希望田野，蕴藏着无限的商业利益。网心科技在 2015 年开始创业时，强烈地感受到了数字经济的春风扑面而来，云计算、物联网、大数据、人工智能等关键技术日趋成熟，产业互联网进一步促进产业深度融合，催生了大量新业态和新模式，这为培育经济社会发展新动能创造了更大的机遇。

第二，地利。作为一家全球领先的去中心化服务商，网心科技的母公司迅雷在业界以“下载”而闻名，是中国早期互联网企业之一，先后推出了迅雷下载、迅雷云盘、迅雷影音等多种畅销产品，用户体验极佳。正因如此，网心科技成立之初便继承了母公司迅雷的优良技术，这为后来网心科技持续创新突破提供了优良的沃土。

第三，人和。网心科技的英文名为“OneThing”，寓意着专注一件事并且有决心做好边缘云计算这件事。突破点选得越小，越有可能取得巨大的成功。同时，网心科技还组建了一支志同道合、能攻善战的团队，成员会聚互联网和 ICT 头部厂商一流人才，为着共同的目标一起奋斗。在 8 年的时间里，打造了深圳、北京、西安三大边缘云计算研发中心，目前已授权的专利 240 多件，其中含金量最高的发明专利超过

90%，达到 219 件。

中心云与边缘云的抉择

网心科技的大赛道属于云计算领域。云计算的概念出现于 2006 年前后。有专家曾评价说，云计算是互联网的一次新革命。云计算横空出世，成为信息技术、数字经济产业发展的战略重点，全球的信息技术企业纷纷向云计算转型。

2015 年，网心科技正式成立。当时网心科技和所有云计算厂商一样，做的是标准的云计算服务，从标准 CDN（内容分发网络）出发，率先进入 CDN 的三大应用场景——直播、点播、下载。2017 年前后正值 CDN 价格战席卷市场，一度出现“面粉比面包贵”的窘境，CDN 市场步入“红海”时代。在此境况，网心科技痛定思痛，不得不寻求全面转型之路，并正式切入边缘云计算赛道，率先寻找云计算的“蓝海”领域……

这次调研一开始，听着技术人员说着只有他们才懂的专业语言，我们外行人听得云里雾里、丈二和尚摸不着头脑。笔者提出，能否用通俗的语言解释边缘云计算。

马婷女士用深入浅出的方式解释边缘云计算的原理，尽量让我们听得明白。她以人体做了一个形象的比喻：“如果说中心云是大脑，边缘云就相当于延长的神经和伸出来的手脚。对于客户来说，不一定需要搞懂大脑是怎样运作的，作为终端用户主要与具体业务的‘手、脚’打交道，只要感觉手脚麻利就行。”

马婷女士进一步解释道：“也可以从云计算大脑与客户之间的‘连接点’上理解这个问题。可以将中心云想象成用一个‘总节点’管理百业；而边缘云的做法是尽量靠近服务区域、具体行业和项目设立‘多节点'，用多个节点分别管理多个项目。简单说，中心云和边缘云都属于云计算，只是中心云集中式包揽一切，而边缘云分布式服务各个点。"

如果从技术架构看，边缘云计算整体的架构体系，与云计算架构类似，边缘云计算的架构自下而上同样分为 IaaS（Infrastructure-as-a-Service，中文意思是"基础设施服务"）；PaaS（Platform-as-a-Service，中文意思是"平台服务"）；SaaS（Software-as-a-Service，中文意思是"软件服务"）三层。其中 IaaS 层主要是为边缘云平台提供计算、存储和网络资源；PaaS 层包括中间件、开发工具、商业智能服务和数据库管理系统等；SaaS 层则提供各类行业垂直应用，例如企业经常使用到的 ERP、OA、CRM 等软件服务。

马婷女士概括："网心目前主要涉及的产品和解决方案，包含边缘云计算的 IaaS 和 PaaS 两个领域。"

在网心边缘云计算网络的构建中遇到以下技术挑战。

一是资源异构性。"资源异构性"是指基于一系列复杂的边缘资源构建服务，是跨多平台的从 Arm、MIPS 到 X86 架构等。硬件方面，需要整合 CPU、GPU 等，把复杂的资源整合好，挑战性很强。

二是资源的稳定性。相比中心云，边缘云单个节点的稳定性相对差一些。一方面是由于边缘云的网络不在骨干网上，网络经常可能会偶发地出现波动、丢包现象。另一方面是单个边缘节点（包括用户的家庭宽带、机房等）环境相对不稳定，资源存在频繁地加入和退出的问题，导致边缘云计算单个节点的复杂和不稳定性。

三是复杂的边缘业务场景。既要满足业务场景对于资源、成本的需求以及 SLA 要求，又要不断提升边缘资源的利用率，是构建一个健康的边缘云平台时要考虑的重要问题。

这些问题能不能解决？能解决！弥补缺陷，要靠技术攻坚。网心科技通过技术研发创新以及整合海量、多层级、异构边缘节点资源，基于智能组网、云原生、智能调度等先进技术，抽象算力资源，供平台按需调用，为用户提供边缘计算、函数计算、边缘 CDN 等全站式边缘云计算解决方案。

如今边缘云计算一跃成为全球云计算公司高成长型赛道。“中心云 + 边缘云 +5G MEC”已成为云公司发展的聚焦点。从 2019 年开始，越来越多做云计算的大公司也纷纷加入边缘云领域。马婷女士说：“幸运的是网心科技起步比较早，是中国边缘云计算领域第一个‘吃螃蟹’的企业，因此形成了自己独特的产品竞争力和市场优势，赢得了越来越多的用户。根据 IDC 最新发布的《中国边缘云市场跟踪研究，2022H2》报告，网心科技 2022 年全年以 12.0% 的占比位居中国边缘公有云服务市场第三，相比 2021 年全年排名上升一位、全年同比增速达 59.0%。”

竞合比竞争更重要

竞争性是市场经济的特点之一。在公平的市场经济中，企业参与竞争，优胜劣汰，最终促成整体经济的发展。竞争的原则虽然是这样，但竞争的方式有所不同。按照马婷女士的话说：“网心更注重竞合，而不是竞争。”竞合当然也是竞争的一种，但它追求的是一种双赢的局面。马婷女士解释：“网心科技通过共建 + 自建模式，与客户、第三方以及云厂商合作共建，持续构建‘端—边—云’的立体化网络，并从核心技术出发不断提升对网络和算力优化的理解，携手客户共创价值。”

笔者又提出请马婷女士深入讲解边缘云计算如何做到为“客户创造价值”，马婷女士说：“大公司搞中心云，需要建设或者大量租用第三方的机房，这些机房的用电量、用水量、排污量都很大。”网心边缘云计算基于“自建 + 合建 + 共享”的模式，整合社会上闲置的海量计算资源，构建边缘云计算网络。

网心科技用自己独创的运营模式和先进的边缘云计算技术，把骨干网、城域网和许许多多家庭轻量化计算资源连接起来，构建了一张中国最大、最下沉的边缘云计算网络。这样做不仅为公司发展了业务，而且让用户有了收益，更重要的是减少了环境污染，这对中国实现“双碳”目标具有十分重要的意义。

笔者近日获悉，网心科技凭借出色的技术创新性和典范的实践代表性，在 2023 年上半年先后成功入选中国信息通信研究院 2022 年度“优秀边缘计算服务 & 边缘 AI 优秀实践”和 2023 年“边缘计算技术创新先锋案例”，成为边缘云计算领域的典型代表之一。

当前，在 OpenAI 和 GPT 大模型大火的背景下，越来越多的厂商加大了对边缘云计算的布局力度，在众多玩家之中，不乏阿里云、腾讯云、华为云等云计算厂商的代表，更有天翼云、移动云等运营商的身影。笔者同时也看到，目前边缘云计算领域产学研各界着力在更大的范围、更深的程度、更高的水平上深度融合，持续谱写中国边缘云计算的新篇章。

马婷女士最后总结，竞争与合作常常是一体两面，而“竞合”显然相比“竞争”更加睿智，关键点是自身的竞争力能否创造出价值。网心科技愿意携手产业界，共同推动边缘云计算高质量发展，共创数字经济美好未来。

第四篇　创新翘楚

何谓创新力

创新，就是要求企业有新思路和新方法，不断创造出新产品、新服务。中国自古以来就十分重视创新思想，商汤的盘铭上有这样一句话："苟日新，日日新，又日新"，后来这句话被《大学》引用而被人所共知。中国古代群经之首的《易经》，其"易"的含义之一就是"变化"。有一句流行的话语说："世界上唯一不变的就是变化本身。""变"中饱含着创新的意蕴。

人类文明的发展史就是一个不断创新的历史。创新是一个国家和民族发展不竭的动力。中国古代的指南针、造纸术、火药、印刷术四大发明既是对人类文明发展的巨大贡献，也是中华文明能够在历史上长期保持先进的重要技术保障。

对于企业经营而言，善于创新则生，保守不变则死。企业的生命就在于创新。企业的创新精神强弱有无，关系到企业的生死存亡。对于企业而言，创新有多种内容，如技术创新，工艺创新，管理创新，等等。

工信部对创新力的要求包括一般性条件和创新直通条件两个指标。其中，一般性条件（同时满足）：（1）营收 1 亿元以上，研发费用占比不低于 3%；营收 5000 万—1 亿元，研发费用占比不低于 6%；营收 5000 万元以下，近 2 年新增股权融资总额 8000 万元以上，研发费用 3000 万元以上、研发人员占 50% 以上。（2）自建或与高校、科研院所联合建立研发机构。（3）拥有 2 项以上 I 类知识产权。创新直通条件（满足一项即可）：（1）近三年获得国家级科技奖励，排名前三。（2）进入创客中国中小企业创新创业大赛全国 50 强。

周长根

潜行创新：潜入深海的探索者

深圳潜行创新科技有限公司（简称“潜行创新”或“潜行”）是一家专业研制深海机器人的全球领军企业，研发制造消费级水下机器人、行业级水下机器人以及便携式水域智能无人装备。其产品技术在国家“六基”领域中，属于“核心基础零部件”和“核心基础元器件”领域；在深圳的“20+8”产业集群中，属于“智能终端”和“智能机器人”产业集群。2023 年，潜行创新公司被评为国家级专精特新“小巨人”企业。

天空已成“红海”，到海洋中找“蓝海”

笔者到南山科技创意园采访深圳潜行创新科技公司，没有想到遇到了几位从华为公司出来的创业者。公司创始人、CEO（Chief Executive Officer，首席执行官）张洵，毕业于吉林大学，是原华为核心算法部的高级专家；笔者采访的周长根也是公司创始人之一、COO（Chief Operating Officer，首席运营官），毕业于吉林大学，原华为日本地区质量运营部部长；杨洋，CHO（Chief Human Officer，首席人力资源总监），毕业于电子科技大学，是原华为海思手机芯片项目经理。笔者不禁感叹，华为不仅是我国首屈一指的民营科技企业，而且是中国通信 IT 行业的黄埔军校、人才宝库。笔者采访深圳的许多企业时，经常遇见曾经在华为工作过、受华为企业文化培育过的创业者。他们就像蒲公英成熟了一样，被风吹向空中，飘落大地生根发芽、重新创业。像潜行创新的三名核心成员都出身华为的情况，倒也少见。

2014 年张洵、周长根离开华为，创办了一家名叫“天上飞”的无人机公司。没想到，无人机这条赛道竞赛者已经太多了，这个行业成为刺刀见红的一片红海。创业两年里，张洵、周长根做得相当辛苦不说，也没有取得成功，辛勤耕耘却颗粒无收。

周长根回忆说：“2016 年是公司最困难的时期，天上飞无人机公司创业失败。300 万元创业资金全部消耗完了。公司失去了方向，大家感到迷茫、备受煎熬。这个时候如果处理不当，整个团队有可能会散掉。我们的创业就会完全失败……”

正在大家心乱如麻时，一位原来合作过的刘总，从云南昆明飞来看望大家。刘总对水下机器人的技术研究颇深。看到昔日的朋友们一时陷入了困境，他安慰大家：“无人机市场竞争激烈，上天不成，可以考虑下海。做水下机器人的公司还不多，市场待开发，要不要尝试一下？”大家闻听此言感觉眼前一亮。

恰逢南山区政府正在组织开展一个创业大赛，潜行创新决定报名参赛。公司在为参赛准备申报的材料中，前面大部分内容写的是公司研发无人机的情况，只是在后面小部分写了一些关于水下机器人的研发设想。看过材料，大赛组委会的评价是：“天空无人机发展思路缺乏特色，水下机器人的设想很有创意。”结果，因为材料中的后半部分小尾巴而授予公司“未来行业组一等奖”。这种结果出乎预料，对当时士气低落的团队产生了意想不到的鼓舞。本来在做“上天还是下海机器人”的问题上，大家有些举棋不定，组委会的奖状让天平发生了倾斜，最终让公司做出了“下海”的决策。于是重打锣鼓新起灶，大家“该研发的搞研发，该融资的做融资，该找市场的走市场”，迅速行动，改换赛道，重新创业。大家脱离“红海”，向“蓝海”发展。

谈到这次决策过程，周长根说："我们感谢南山区政府，感谢大赛组委会，他们站得高、看得远，帮助公司选择了一条更有潜力的赛道。"于是，新公司潜行创新科技有限公司于2016年4月在粤海街道注册成立。政府有关部门对新成立的公司热情帮扶；深创投、南山战新投等风投公司也看好这个项目，积极给予融资。新公司重新起步了。自公司2016年成立以来，已经完成4轮融资，研发制造出6代产品。潜行创新现已成为该行业的领军者。

探寻深海奥秘，改变生活方式

采访中，周长根从公司的产品说起。让我们看了介绍公司产品的PPT文件和许多图片，一个神秘奇丽的深海世界呈现在我们的眼前。

潜鲛P200潜航器具有多个水流喷头，自由地游走在水中，柔软的海草在漂荡，五彩的鱼类游来游去，就好像鸟儿飞翔在天空中。

潜鲛GLADIUS MINI潜航器具有流线型的体形，灵巧地漫步在海底，像侦察兵一样观察地形。海底小山耸立，丘陵起伏，深沟道道，多有陷阱……如果改派潜水员承担这种侦察海底地形的任务，一定会面对重重危险。

潜豚CM600潜航器有点像坦克一样拥有履带式轮子。它是清洁机器人，可以附着在巨大轮船底部清理海洋生物附着物，也可以在游泳池爬行清理底部垃圾。如果这些清理任务由工人去完成，不知要花费多长时间。

潜鲟F1 Pro智能垂钓伴侣，是钓鱼者和水下摄影发烧友的挚爱，可以帮助钓到深海里的石斑鱼，也可以拍出丰富多彩的深海图片……

潜航器成为深海科学考察的得力助手。专业人员在海底观察沉船的情况；研究者进行水下探险；考古学家在海底寻找到古代雕塑。潜航器为科学研究和打捞工作提供了极大方便，甚至在许多不适合潜水员下水的深海中，也可以进行科学考察活动。例如，哥斯达黎加火山和地震观测站，利用潜航器捕获了火山口潟湖中的水生生物。

潜航器也可以被用于发展海洋渔业和环保事业中。例如，智利一家饲养三文鱼的渔场主，原来为无法阻止海豹偷吃三文鱼而苦恼，使用潜航器后赶走了淘气的“小偷”；美国一家研究野生动物的工作室为怎样近距离观察鲨鱼发愁，有了潜航器后，就可以与鲨鱼“亲密接触”、近距离观察了。

如果深水中发生危险事件，更是水下机器人大显身手的时候。水下应急救援是一项突发性强、时间紧迫、技术要求高、救援难度大、危险性高的救援项目。潜航器可以观察、了解水下现场，帮助制订救援计划，为尽快解救处于危险境况中的人争取宝贵时间。潜航器代替救援人员可以避免更多的危险情况发生。

最让人震惊的是美国媒体的一则爆料消息：在“北溪”输气管道被炸现场，瑞典一名工程师使用潜行创新公司的无人潜水器，在深海水中拍摄到了一只潜水靴。如果潜水靴的真相得到证实，潜航器就像一个眼光锐利的侦探，为破案立下了功劳。

周总介绍的情况让笔者认识到，潜行创新公司研发生产的高智能、多功能潜水机器人逐渐成为研究工作的利器、大受消费者欢迎的产品。这样的潜航器可以帮助我们揭开深海的秘密，让一个个未知世界的真实面貌展现在世人的面前。

而且更重要的是，价格低廉、用途广泛的消费级潜航器，将帮助越来越多的人认识海洋、亲近海洋。对于普通群众来说，海底世界是一个极为神秘的世界，是处处隐藏危险的深渊。而现在出现了一个新的、深刻的改变：因为有了价格低廉、可以普及的消费级潜航器，人们的生活方式（至少对于热爱海洋文化的人们而言）将发生巨大的改变。潜行创新研发生产的产品，竟然能够对人们的生活方式产生如此大的影响，这一点尤其让我感到震惊。

敢于创新，挑战极限

潜行创新新颖好用的产品让笔者着迷，自然会产生对产品背后技术的好奇。笔者询问周总公司产品的核心技术，他解释说，潜行潜航器最核心的技术主要表现在两个方面。

一是算法，这是软件方面的核心技术。这方面张洵是专家，他原来在华为就是从事算法研究的；公司开始创业做无人机时，算法研究也由他负责，在长期的工作实践中积累了大量的经验。但是水下潜航器的算法与天上无人机的算法不一样。因此，张洵又开始了新算法的研究。

二是推进器，这是硬件方面的核心技术。复杂的水下环境对推进器有更高、更严格的要求。首先效率要高；其次要达到防水、耐腐蚀的要求。在技术团队的努力下，很快研发出了 20 吨级的推进器，为公司首批潜航器产品提供了可靠的动力系统。

周总概括说："公司有三大核心技术：自主核心算法，自主硬件生产，自主垂直整合。有五大技术壁垒：水下机器人矢量控制算法，水下声呐技术，高效率水下推进系统，水下图像色彩还原，水下视觉识别和跟踪。"先进的技术保证公司能够生产出质量一流的产品。

潜行创新获得 100 余项发明、PCT 国际专利、实用新型和外观设计专利及各项奖项。其中比较突出的有"2022 年德国红点设计奖"，"2022 德国 IF 设计奖"，日本雄蜂 2019 年"硬件部门最高奖及评审团特别奖"，英国权威商业杂志 *Corporate Vision*"2019 年度最具创新价值及最佳潜拍无人机奖"，*Photo District News*"2018 年度创新摄影装备"奖等。

潜行公司的技术创新取得了成绩，公司的产品畅销世界各地，获得了很多好评。笔者看到一些媒体评价说："天上有大疆，水下有潜行。"把潜行与大疆并列评价是一个很高的评价。在谈到这个话题时周长根说："我们更希望自己做'水下华为'。虽然与华为相比，潜行公司尚小、未来道路很长，但是我们更愿意以华为为榜样。我们的核心团队来自华为，我们在华为受到了华为文化企业文化的熏陶，拥有华为创业的理念；我们希望用华为精神塑造潜行公司的精神支柱，用华为的管理理念管理公司；希望能够成长为像华为那样的伟大公司。"

上天入海，创业福地

潜行创新注册、成长于南山区粤海街道。这里高科技公司扎堆，是一个参与世界高科技激烈竞争的前沿阵地。在中美贸易战、科技战中，粤海街道被推到了风口浪尖，被人们戏称为"美国政府举全国之力，打压粤海街道!"

今天的潜行公司有了更广阔的发展前景。根据国家制定的中国海洋新兴产业发展规划，深圳制定《深圳市海洋经济发展"十四五"规划》，提出深圳将建设"全球海洋中心城市"的远大目标。南山区成为全球"上天入海"产业蓬勃发展的高地。沿着深圳湾，南山区开始谋划新时代的示范工程：以蛇口国际海洋城为中心，打造一座集科技、文化、经济、旅游、休闲于一体的湾区国际交流门户。一个更大蓝图开始擘画，潜行创新是勇敢前行的突击队。

潜行人的创业事迹，给文艺工作者带来了创作灵感。有艺术家创作出了歌剧《先行者》，其中的主要艺术形象就是以潜行人为原型。创作者评价："没有生活中的潜行勇士，就不可能有舞台上的先行者形象。"

在采访中，我们聊到了创业者的籍贯。周长根介绍说："我是湖南湘潭人，张洵是遵义人……”笔者忍不住插嘴说：“你们来自革命老区啊！”周长根笑笑说：“公司与江西赣州也有关系，那里也是一个革命老区。”公司在赣州成立了便携式水下机器人生产制造基地，这是潜航器行业内最早建立、最早量产，全球最大规模、供应链最齐全的生产基地。

周总的话让笔者想起了一件往事。20 世纪 90 年代，深圳市文明委决定开展“特区与老区山区心连心”活动，先富裕起来的深圳特区要帮助革命老区、贫困山区发展经济。当时笔者在市文明办工作，按照市领导要求制订了工作方案，深圳与全国 11 个革命老区、山区结成了帮扶对象，帮助老区山区修建了几十所学校，支持发展当地生产。在活动中，笔者曾到湖南的许多老区山区，看到了当地贫穷落后的面貌，接触了勤劳、淳朴的乡亲。没有想到，短短 30 年后，就见到一些老区山区的青年成长起来，不但带领老家乡亲脱贫致富，甚至来到深圳创业，建起了科技创新企业，为深圳、为祖国发展做出了卓越贡献。

林建明

萨摩耶：金融云的佼佼者

深圳萨摩耶数字科技有限公司（简称“萨摩耶”，原名为深圳萨摩耶互联网金融服务有限公司）的产品是金融云计算，在国家“六基”领域中，属于“关键软件”领域；在深圳的“20+8”产业集群中，属于“软件与信息服务”产业集群。2021 年，萨摩耶数字科技有限公司被评为广东省专精特新中小企业。

为实现理想而下海

萨摩耶安家在福田区梅林街道的新一代产业园里。我们来到公司采访，受到董事长林建明的热情接待。相见时，笔者看他身材高大像北方人，面目清秀又像是南方人，一介绍知道他是广东湛江人。

林建明（1978— ）一生道路走得颇为顺利。1997 年考入华中科技大学计算机科学与工程专业。2001 年大学毕业后，先是在北京的中国银行工作一年，负责数据集中化处理工作。2002 年后林建明来到深圳，在招商银行工作 13 年，开始当电脑程序员，写各种软件程序。整天沉浸在数字世界中，有人可能会感觉枯燥，他却甘之如饴、乐此不疲。由于工作表现出色，几年后林建明升任为首席架构师，负责招商银行的软件开发工作，年薪超过百万元。有人称他是招商银行“信用卡系统之父”。

20 世纪 90 年代中国互联网行业起步。经过 20 年的发展，互联网技术逐步成熟，行业营业收入迅猛增长。阿里巴巴和腾讯最先在互联网支付领域发力，支付宝和微信支付对银行经营业务造成了冲击。对新技术敏感的招商银行此时也准备进入金融互联网领域试水。

就是在这个时代背景下，林建明的机会悄悄到来。2013 年招商银行和联通公司筹备合资成立一家消费金融公司。该筹备工作由林建明负责，经过两年时间的筹备，林建明代理的团队设计出了整个系统顶层架构，以及开展一些业务的技术解决方案。但是该方案未得到公司的批准。这件事让林建明认识到，对于创新来说，有时候不是因为技术研发碰到了难啃的骨头，而是遇到了体制、政策方面难以逾越的障碍。这种情况下，“体制”成为一个金融产品生死的决定性因素。

此时摆在林建明面前有两条路：一条是继续在招商银行发展，作为招行信用卡系统的总架构师，银行给他的待遇不薄；另一条为实现自己的事业理想而下海创业。走后一条路可能成功，也可能失败，也许是一条布满荆棘的险路。林建明选择了后者。他决定“用自己的方式去创造更多的可能性”。

恰好在这个时候国家提出了“大众创业、万众创新”的口号，给熊熊燃烧的烈火增添了新的柴草燃料。跟着他进行技术研发的团队也都不舍得放弃理想和目标，愿意跟着林建明出来创业。2015 年，萨摩耶公司诞生了。

创业艰难咬牙坚持

万事开头难，创业挫折多。公司创业期内遇到的困难之多难以想象，每走一步都会遇到许多重要的问题需要做决策，而决策正确与否关系到企业的生死存亡。回顾公司走过的路程，有几步非常关键。

首先，公司做什么？这是公司的经营定位问题。2018 年，三岁的萨摩耶高层内部对公司如何发展进行了数月的讨论，大家各抒己见，提出了各种生存之道。林建明最后表态拍板：要走科技的道路，做“纯线上的消费金融”业务。这是一条“科技 + 金融”之路。具体来说，萨摩耶不是自身变成一个金融机构，而是研发消费金融的技术，为银行提供适合业务的软件技术服务，提高服务效率，降低服务成本；帮助银行改变传统的线下柜台服务模式，实现数字化转型，跟着时代的大潮往前走。

这种经营方式和技术原理现在看来是行业发展的大趋势，但在 2015 年还是一个新潮观念。这样的定位提出了内外两方面的要求：对于公司内部而言，其技术研发要求不断地发现银行金融行业的需求，根据需求研发出适合的软件技术，这意味着要走一条不断攻克技术难关的艰难之路；对于外部的客户（主要是银行金融界）来说，要说服他们接受一种全新的、陌生的、纯线上的数字化技术经营方式，难度很大、前途未卜。两方面都是严峻的挑战。

其次，角色要转换。萨摩耶的团队是从银行出来的，比较熟悉的是原来银行甲方的工作程序，现在变成了要为银行服务的乙方。对新的业务内容和业务领域，大家两眼一抹黑、一点不熟悉。全体员工必须从头干起，摸索乙方的打法，适应乙方的身份。

再次，客户在哪儿？客户是公司的衣食父母，关系到公司的生存和发展。萨摩耶是新公司，研发的是新技术，做的是新业务，从零开始，没有成功的案例。这种情况如何让客户信任呢？大家想到了原单位招商银行，彼此知根知底，但招商银行不允许业务上与自己原来的员工合作。这条路断了。

大家只有四面出击，找工、农、中、建四大银行和一些小银行推销产品。但是谈了半天，都空手而归，一家也没谈成。谈不成的原因在于银行的决策权集中在总行手里，分行、支行以下机构做不了主。第一单业务是与哈尔滨银行完成的，由于它是总行，拥有做决策的权力。当哈尔滨银行试用了公司的消费金融软件后，感觉确实有用，就签订了技术服务协议。这是萨摩耶"零的突破"，极大地鼓舞了全体员工的士气。慢慢地谈成的合同越来越多，萨摩耶在业内声名鹊起。

最后，经受了新冠疫情的考验。经过几年的努力，到 2019 年下半年公司的经营情况出现了好势头。但是天有不测风云，2020 年初新冠疫情暴发。5 月武汉虽然解除了封城，但"城市里仍然空荡荡的，没有人气"，林建明等不及了，选择武汉作为第一个外出拜访客户的城市。

祸兮福所倚，危机中会出现新的机遇。让林建明没有想到的是，新冠疫情竟然变成了中国企业数字化转型的转折点。受疫情影响，用户主动要求经营服务"从线下转为线上"，这种情况促进了萨摩耶业务的恢复、发展，甚至实现了逆势增长。萨摩耶云的远程办公模式帮助一些客户的复工率在短期内达到了八成以上，良好的口碑建立起来了。2018~2020 年三年里，公司业务的复合年增长率达到 102.6%。2020 年萨摩耶实现扭亏为盈。

核心技术是云计算

2018 年公司的定位确定了，高管们的认识统一了。技术人员们沉下心来研究技术，很快推出了具有自主知识产权的云计算产品；2019 年更上一层楼，搭建起了 SaaS+aPaaS 的服务架构。"SaaS"的含义是"软件服务"（Software as a Service），是通过互联网提供软件应用的服务模式；"aPaaS"的含义是"应用平台服务"（Application Platform as a Service），是提供一个平台来开发、运行和管理应用程序的云计算服务模型。

2019年全球主要公有云厂商纷纷接受云计算原生技术，这一年也被称为“云原生理念和技术普及元年”，它们都无一例外地催生出新的商业机遇。萨摩耶赶上了这一次创业的风口，经过几年努力，萨摩耶云成为一个成熟的技术服务平台。可以对其技术模型做一个概括：萨摩耶云不仅具备一般云所具有的数据、算法、算力等AI三要素，还具有自己独特的核心技术，例如构建AI知识图谱、“千人千面”用户画像、实现机器学习的能力，等等。

萨摩耶云的技术究竟有一些什么样的功能？能够完成什么样的服务内容呢？

首先，对数据进行分析处理。通过萨摩耶云提供的SaaS服务，可以帮助客户完成精准营销、精细运营、智能风控和数据分析等各种问题。在此基础上，建立起模型，并对模型不断进行训练优化。于是建立起了客户数字化转型的基础。

其次，决策智能。经过2017—2020年近4年的研发，公司将不同的业务模块嵌入自研的智能策略体系中，形成“模型池”。虽然各种客户业务不相同，但会感觉“总有一款适合自己”。随着软件决策智能水平的不断提高，即便是刚刚开始数字化转型的客户，也能通过决策软件具有二次开发的能力。

再次，实现跨界。由于萨摩耶云技术先进、不断迭代，其使用范围越来越广。在服务金融业的“金融云”、服务信用行业的“信用云”后，又不断推出了服务零售、互联网、虚拟商品等多个行业方向的“产业云”，“跨界服务”，行业越来越多。萨摩耶云的客户清单中，分属通信运营商、互联网、电商平台、影音传媒、餐饮咖啡、文旅酒店、商超卖场等行业。

萨摩耶主要提供以下服务。

防金融诈骗

骗银行贷款是网络金融的一个严重问题。萨摩耶云的软件可以识别金融诈骗。搞金融诈骗的一般是窝点，会与外界有密切的联系。软件算法可以从电话的接听、人员的往来、物资的进出货等蛛丝马迹识别出诈骗嫌疑人，从而避免骗贷和金融诈骗给银行带来损失。萨摩耶云的工程师称这种算法为“社交图谱识别技术”。

为客户降低运营成本

中小微商户对信贷的需求有“短、小、频、急”的特点，一个商户在一天之内可能多次拆借多笔小额款项。萨摩耶云的“决策智能”软件能够很好地解决这些问题，不但给客户带来了借贷资金的便利，而且有效地帮助客户降低经营成本。

2015 年 5 月，公司刚注册成立 1 个月，研发团队开发出“省呗”App，其名称的含义既有“穿不穷，吃不穷，计算不周才会穷”的古训，也有“不因节制，放弃美好”的新意。这是一款移动金融应用软件，为用户提供了个人贷款、信用卡申请、消费分期、理财投资等多种金融服务。“省呗”App 凭借其便捷、安全、多样化的特点，迅速赢得了用户的广泛信赖，成为中国移动金融服务的领军品牌。

帮助电商产品走出去

新冠疫情的暴发和美国对中国经济贸易的打压，对中国跨境电商的对外销售产生了很大影响。中国的许多电商在亚马逊上开店，将中国制造的产品销售到全世界。一段时间里，亚马逊平台找种种借口对中国的电商实行关闭商店等限制措施。

针对此问题，萨摩耶云开发了专门的 App，帮助跨境电商卖家做生意，建立进货、销售、仓储、物流一站式服务平台，对电商做跨境生意帮助极大。如今深圳成为做跨境电商业务最活跃的城市，跨境电商货物销售量占全国跨境电商货物总销售量的 80%。其中有萨摩耶云的一份功劳。

按照林建明的概括，萨摩耶云的云计算形态可以概括为金融云、信用云和产业云。他解释说："金融云是'根源之火'，这是萨摩耶云的原创技术，是技术的核心，是保障公司茁壮成长的原动力；信用云和海外金融云是'升腾之火'，是帮助小微企业成长和助力企业国际化发展的尝试，是公司技术创新不断上升的空间；产业云是'燎原之火'，是技术升级的新探索，这一朵云将向千行百业客户提供'技术＋平台＋生态'的完整解决方案和全站式服务方式，将帮助企业实现从星星之火到燎原之势的跨越式发展。"

在短短的 7 年创业时间里，萨摩耶云实现了超常态发展。如今的萨摩耶云公司拥有 2 家国家级高新技术企业、1 家省级专精特新企业，拥有职工 1200 多人，初步呈现一个集团公司的模样。在知识产权方面，取得包括大数据分析、数据存储和人工智能模型构建等 400 项。萨摩耶云已跻身中国第三大独立云原生科技解决方案提供商。其客户群涵盖金融、物流、电信、跨境电商、中小微企业等多个领域。截至 2023 年 6 月，其累计服务 93 家金融机构、950 家企业客户、1.16 亿小微商户及消费者。

独特的企业文化

2023 年 5 月 26 日，萨摩耶云科技集团举行 8 周年庆典，推出了纪录片《始终 Day 1》。公司创业者、员工欢聚一堂，重温创业初心，分享工作感悟，思考未来之路，会议开得隆重又感人。

所谓"始终 Day 1"，就是"保持 Day 1（创业第一天）精神，图自强，破困局，一切归零，重新出发"。林建明在会上发表演讲，提出了萨摩耶云"正爱、激情、真诚、信赏"的八字企业文化内容。按照他的诠释，

"正爱"即正直自省、有爱担当，是前提条件；"激情"即极致拼搏、创新开放，是持续动力；"真诚"即求真务实、忠诚竭诚，是办事原则；"信赏"即笃信守信、同担共享，是目标结果。八字箴言是萨摩耶云历程的经验总结，是公司精神、企业文化的升华。有了这样的企业文化，企业路子将走得更加平稳，公司前进的步伐将迈得更加坚定。

采访时笔者问林建明："公司起名'萨摩耶'是什么意思？"他回答说："萨摩耶是宠物狗狗名。该狗狗性格温顺，对人友善，被称为'微笑天使'。我们希望给客户带来温暖、贴心金融服务的感觉。"萨摩耶还有一个金融软件品牌叫"奥特曼"，则是日本动漫作品的形象人物。公司用"奥特曼"，其实用的是英语 AutoMan 一词，是自动建模平台。该软件是将人工智能等技术应用在模型设计领域，达到便捷省力、降本增效、精准高效的效果。使用这两个名字，让笔者感觉到这家公司不像是科技公司，倒像是一家文化公司，与"狗狗"朝夕相伴，员工与公司有亲密感，奥特曼则代表天马行空的想象力，这也是公司文化的一部分，反映出青年人的朝气和年轻心态。

祝愿萨摩耶如早晨八九点钟的太阳，喷薄而出，前程光明。

杨德文

同行者：让驾驶者更安全

深圳市同行者科技有限公司（简称“同行者”或“同行者科技”）是国内智能座舱综合解决方案和车联生态运营服务商，公司基于语音人工智能、大数据为企业提供智能座舱和车联生态的综合解决方案。在国家“六基”领域中，属于“关键软件”领域；在深圳的“20+8”产业集群中，属于“软件与信息服务”集群。2023 年，同行者科技公司被评为国家级专精特新“小巨人”企业。

想创业，要看赛道够不够长

公司创始人杨德文在创业过程中半路变换了一次赛道。对他的做法，有人认为是创业受挫，有人认为是目光长远。如果是前者，说明杨德文不是一个轻言失败的人；如果是后者，看得出杨德文对时代的快速变化相当敏感。或者说，在他身上两者兼而有之。这种禀赋，可能与他是湖南人有关，也可能与他的工作经历有关。

杨德文，湖南宁乡人。人们对湖南人的评价，用“恰（吃）得苦、耐得烦、霸得蛮”来概括。其中“耐得烦”说的是执着，从不言败，不胜不归；“霸得蛮”说的是倔强，撞了南墙也不回头。这些品德，在杨德文身上表现得都很充分。

1999 年他毕业于西北大学计算机系。毕业后在互联网行业里浸泡多年，对这个产业的发展有自己独特的经验和认识。2002 年，杨德文进入腾讯工作。此时，腾讯公司成立才 4 年，杨德文入职的工号是 119，与 001 的马化腾也就相差 100 多人，算得上最老资格的职工之一。他是腾讯的第一代产品经理，负责的产品项目有腾讯通 RTX、互动空间、QQLive 等。他在腾讯工作了 6 年，积累了技术研发和经营管理的宝贵经验。

2008 年，杨德文开始第一次创业。公司业务属于外贸电商行业，将国内的汽车产品销往海外市场。杨德文当时的创业时机并不太好，2008 年发生全球金融危机，外贸电商行业销售断崖式下跌，整个市场一片惨淡。杨德文不慌不忙，稳住阵脚，团结拼搏，公司销售额在全国快速跻身头部行列。

市场逆势中求突破，别人亏本时能盈利，第一次创业已经显示出杨德文有过人的经营才能。公司业务稳住了阵脚，个人生活衣食无忧，在一般人看来已经很不错了，杨德文却不满足。随着人们生活水平的提高，“有车一族”数量不断增加，汽车销售的业务量会逐渐增加，但是他感觉到做这一行存在两个问题，一是外贸电商生意门槛低，谁都能做，而流量把控在搜索引擎及平台手里，流量成本越来越高；二是经营销售业务缺乏产品的核心竞争力，倒买倒卖的贸易模式没有持续的竞争力，不符合自己喜欢挑战的性格，也没有发挥自己作为产品经理的特长。

经过仔细思考，杨德文做出第二次创业的决策。2014 年他将电商平台业务整体送人，全身心投入新赛道，成立同行者科技，冲进车联网市场。如果说第一次创业的目标主要是赚钱，尽快立足行业并提升创业认知和判断力，那么第二次创业则是为了实现自己更高的人生理想，想在技术创新中有一番作为。他说：“创业不单单为挣钱，踏踏实实在腾讯做‘高级打工’也能赚到很多钱；敢于迎接挑战，能够让人生变得更有价值，创造出让用户喜欢的技术产品，更能满足自己的事业心。所以，对于我这类人来说，创业比打工更有意思。”

2014 年，同行者科技在深圳市南山区科技园成立。以“同行者”为名，是杨德文的创始团队从公司成立时的初心，就是要与全国车主和产业合作伙伴在广阔的车载赛道上同行。杨德文瞄准的是车联网大潮背景下千万车主的用车体验。全国的车主数量有 3 亿人，这是一个庞大的消费群。

做车联网，核心技术选什么?

杨德文其实算不上进入车联网的最早创业者。

2014 年有很多企业隐隐感觉到车联网是一块待开发的处女地，开始投资“试水”。例如，当年有腾讯“路宝”、元征“GOLO”等产品，但很多人投资后，好像一块石头被扔入深水，扑通一声响后，很快无声无息，渐渐被市场遗忘。

这时候杨德文入行了。有朋友好心劝他：“车联网市场不成熟，投资风险大。”杨德文却有不同看法，他说：“市场不成熟才有机会，市场一旦成熟了，我们创业者也没有啥机会了，关键是趋势是对的，我们才有更多的胜算。”

杨德文的目标是研发一款最好用的智能车载终端系统。杨德文认为这个系统的核心技术是“语音”。按照杨德文长年在互联网行业中摸爬滚打的经验，他认为对于车联网来说，应该解决的核心问题，一是安全，二是方便。

如何保证安全？行车速度很快，边开车边操作汽车中控屏幕或者手机，容易造成安全隐患，甚至引发车祸。因此，同行者计划研发车载场景下的智能语音，解放车主双手，做到“君子动口不动手”。如何做到呢？搭建一个有求必应、求必解决的语言服务平台，满足车主开车过程中需要动手的各种需求。

从技术研发的角度说，同行者的技术成果属于技术集成和产品创新。能够做到这一点，按照杨德文的话说归功于三个方面的进步：一是语音技术的快速成熟；二是硬件技术日趋稳定，从而让成本持续下降；三是3G、4G网络的普及、流量价格持续下降，让网络经营能够降低成本。由于行业伙伴的共同努力和贡献，同行者可以将自己的技术研发集中在用户体验和产品创新方面，技术是手段，用户体验才是王道。杨德文把团队的核心资源投入产品创新和用户体验的持续提升上，这不但大大地缩短了技术研发的周期，也有效地降低了技术研发成本。这不仅归功于时代的进步，也归功于继承了腾讯“产品为王”的核心理念。

且看杨德文是如何解决安全、方便两个问题的。先说研发语音软件。杨德文联合云知声、声翰、地平线等合作伙伴，聘请多名技术专家攻克“语音系统”的难题，建立系统，研发芯片，基于车载场景深度挖掘并进行模型训练，持续提升语音识别能力，要做到不管车主说出什么话语，系统都能准确识别、迅速执行。

如何把这一套系统安装到汽车上呢？杨德文采取了两个办法，一个是后装市场。汽车在前，同行者的系统在后。因此，研发生产中控屏幕或者智能后视镜的硬件方案商和品牌工厂都是同行者的目标客户。软件预装，同行者语音软件技术先进、功能齐全，行车路线导航准确，挑选音乐歌曲简便，接打电话顺利，甚至能够说话指挥收发微信信息等，大受车主欢迎。2018年同行者用户累计出行里程达到195亿公里，且保持每年持续增长。另一个是前装市场。在同行者的语音系统有了良好的口碑后，公司就与许多汽车生产厂家建立了合作关系，事先将语音系统和智能座舱软件装入新车，让车主一买车就能享受到极致的智能座舱体验，多了一个贴心的行车助手。

再说建立服务平台。为了让笔者能够更快地领会，杨德文拿起一支粗笔在一块白板上写写画画。不一会儿，笔者就大概理解了他的经营理念。

公司的经营理念：以用户为中心 & 同行共赢。

公司搞好经营的两个着力点：体验为王、服务为本。

杨德文认为，车联网的服务可以简单划分为三类（也是产业发展的三个阶段）：车娱乐、车消费、车生活。

所谓“车娱乐”，包括收听广播新闻、欣赏音乐、阅听语音小说和车载导航等，这对于每天在车上度过三四个小时的有车一族来说，是不可缺少的精神文化享受。

所谓“车消费”，就是加油充电、车辆维护修理、障碍事故援救、二手车、车险服务等。

所谓“车生活”，就是为开车一族提供更加全面、优质、一站式的贴心服务，包括车友会、周边游、景点介绍、餐厅推荐、住宿安排甚至电商购物等。

过去 10 年，智能手机重构了我们的生活方式，未来几年，汽车将作为新的数据中心和入口，打通各类场景，重构汽车相关产业链的方方面面。

公司建了一个巨大的网络服务平台。车主上车后，在路途上可能会遇到的所有问题，只要提出，就能得到答案。汽车变成了流动的驿站，车主变成了浪迹天涯的游客，生活方式虽然完全改变，但是没有任何不方便。

车联网，新的超级终端

通过采访杨德文，笔者感觉他之所以能够坚定、执着地创业，除了前面分析过的，作为湖南人他具有执着、坚守的性格因素外，可能更重要的是他拥有对车联网未来发展趋势坚定不移的信心。

在杨德文看来，自有互联网后，出现过三个超级终端。第一个超级终端是个人电脑（PC 机），第二个超级终端是手机，第三个超级终端就是汽车。汽车之所以能够成为超级终端，一方面是因为汽车的数量越来越多；另一方面是因为随着汽车的操作系统越来越智能化，汽车成为超级的网络移动终端。

同行者科技所做的研发和服务业务，只是车联网中间的一个细分市场，核心技术是“语音控制”系统，核心产品是智能座舱平台。如果车联网将成为可以与 PC 机、手机并列的超级终端，那么这将是一个长长的赛道，值得投资创业。杨德文这样说：“我们相信未来 5—10 年整个汽车服务体系会重构一次。这是一个巨大商业机会，车联网的风口已经出现。谁抓住了这个趋势，谁就能赢得未来。”这就是同行者科技投资车联网的理由。

公司负责招待的同事带着我们走到公司大数据屏幕前做介绍，屏幕上面有图形、数字和文字说明。屏幕中间有一张中国电子地图，地图上有密密麻麻的电子信号点在闪动。每一个小点代表一辆汽车。从地图上看，中国的东部、中部、南部，密集的信号连成了一片，说明车辆很多；而西部、北部信号不多，说明车辆稀少。地图的上方有一排大大的数字：54312723。这个数据是实时的用户数。在这一刻，中国汽车里仅使用同行者软件的车辆数字就达到了 5000 多万，数字令人印象深刻。

由此笔者想到了中国由农业向工业转化的历程。在几千年时间里，中国是一个种植业技术先进的农业大国，中国农民“面向黄土、背朝青天”做农活。在农业生产方式下，中国人祖祖辈辈安土重迁，过着“日出而作、日落而息”的田园生活。然而世界开始大变动。三百多年前英国发生工业革命，西方国家由此开始迈入工业社会。而中国错失这一次历史机遇，在工业化的道路上落后了。新中国成立后，中国启动工业化运动，特别是改革开放以来，中国引爆了自己的工业革命。反映在汽车工业领域里，越来越多的中国人开始成为“有车一族”，生活方式发生了深刻的变化。同行者科技就是在这种汽车工业大发展背景下出现的一家创业公司。从同行者科技电子地图提供的大数据中，可以感觉到中国快速实现工业化、城镇化的步伐，感受到“汽车轮子上”的生活气息。

同行者科技的发展是中国汽车工业发展的一个缩影，同行者让中国的“有车一族”成为一个同行大家庭。

冷俊

华成工控：注塑机器人的先锋

深圳市华成工业控制股份有限公司（以下简称“华成工控”或者“华成”）的产品是工业控制系统及计算机软、硬件，在国家“六基”领域中，属于“核心基础零部件”“关键软件”领域；在深圳的“20+8”产业集群中，属于“软件与信息服务”集群。2021 年，华成工控被评为国家级专精特新“小巨人”企业。

国产替代进口机器人的艰难道路

深圳市华成工业控制股份有限公司于 2005 年 10 月 24 日在宝安区西乡街道固戍社区成立，公司的产品是注塑机控制系统。早在 2001 年，冷俊来到深圳工作于一家注塑机控制系统研发企业，在工作中积累了经验。2005 年冷俊与几位同事一起创办了华成工控，他负责技术研发。

华成工控一开始就决定走一条自己研发技术、创造国有品牌的创业之路，华成工控选择了工业机器人控制软件的赛道。当时，中国注塑机控制系统市场是进口产品的天下。选择国产化道路注定很艰难，但是冷俊咬着牙坚持走下去。当时企业遇到的最大问题是客户普遍不相信国产品牌，没有客户企业难以生存。

企业迎接挑战，采取了三项对策：一是产品定低价。一套进口设备当时定价 8000 元，而同类产品华成工控定价 1000 元。有人质疑“价格是不是太低”，冷俊反问：“国产产品如果没有价格优势，客户怎么会选择国产的？”中国作为发展中国家有低成本的优势，加上企业严格控制生产成本的努力，就让华成工控有了明显的竞争优势。二是技术研发力求先进。华成的产品价格低，质量却不差，足以与进口设备媲美。做到这一点要靠技术研发，采用最先进的技术，以保证产品好用。这是企业的核心竞争力。三是采取新培训方法提高效率。掌握日本产的进口产品，培训需要3天。由于华成工控改变了培训方法，掌握全部控制系统的知识，客户一天就能学会。由于华成工控产品的优势非常明显，其形成了良好的口碑，客户慢慢多起来，公司创业很快站稳了脚跟。2008年，华成工控通过了双软认证，完成了软件企业的认定和软件产品的登记。

经过10年发展，到2014年华成工控遇到了发展的天花板。这一年，这类产品的95%已经变成国产产品，对进口产品的“国产替代任务”基本完成。其中华成工控的产品占据了国内市场六成的份额。华成工控进入了发展的瓶颈期，想要往前发展必须转型。冷俊说：“公司产品要从机械手向机器人转型。”

要做这样的决策，需要解决两个问题。

第一个问题是国内的机器人市场够不够大、值不值得华成全力投入。经过充分论证，大家认为，随着中国制造业的快速发展，人工成本上涨很快，这必将成为中国工业发展的巨大阻力。要想解决这个问题，必须走生产自动化的道路。中国的制造业体量巨大，市场潜力深厚，发展赛道够长。

第二个问题是中国企业在机器人制造方面的技术积累是否足够。当时国内不管是学术界，还是实际应用界，对机器人的技术都有一种迷信，认为机器人在西方国家发展了几十年、上百年，以瑞典ABB，德国KUKA（库卡），日本FANUC（发那科）、YASKAWA（安川）为代表的“四大家族”掌握了最先进的技术，短期内想要打破它们的技术垄断是不可能的。

但华成不认可这个神话。冷俊说：“从 2015 年开始，我们用 3 年时间来打破这个迷信，改变客户的认知。工业机器人说到底就是一个工具，没有必要迷信；华成工控不但能够做机器人，而且能够做出最优秀的产品。”

但是要想真正改变客户的认知，必须用事实说话，用优秀的产品证明。这就对公司的技术研发提出了极高的要求。西方国家发展了上百年的技术，华成工控想要在短短几年时间取得突破，其难度可想而知。华成工控选择的技术路线是驱控一体的驱动和控制，将机器人的两大技术合并在一起，这是相当大的挑战。

正在这个节骨眼上，国家出手了。2015 年国务院公布《中国制造 2025》发展规划，明确装备制造业转型升级的路径。国家有关部门提出工业机器人攻克“控制系统、伺服驱动系统、精密减速机”三大“卡脖子”工程。

冷俊说她当时的感觉是：“神州大地吹来了强劲的东风。华成工控的春天来到了。”借此东风，公司将自动化本体控制系统作为突破口。根据团队以往的技术研发积累，将注塑机机械手控制系统作为首选产品。

突破口虽然选好了，但是在市场开发方面四处碰壁。主流的国产机器人厂家不愿意试用华成的国产控制系统。对于厂家来说，虽然华成的产品性价比好，但技术没有得到充分的验证和考验，贸然使用，出了问题谁也负不起责任。但对于华成来说，没人用产品，就没办法验证；不能验证，就没办法进一步完善和升级。就在公司感觉陷入了“死循环”的不利局面时，出现了新情况。一名原创股东退出，华成就以股权转让的方式与广东伯朗特智能装备公司建立密切的合作关系，一同向技术高峰攀登。

经过 7 年努力，华成工控的研发攻关取得了喜人成绩，其控制系统、驱动系统、驱控一体产品稳居国内前列，“工业机器人应用 +”的道路越走越宽广。华成的产品已经可以与中国台湾、日本的产品一争高下，华成的气动、变频、伺服等国产控制系统取代了它们的产品，桁架机械手控制系统国产化率更是超过 95%。

在华成工控等厂家的共同努力下，中国机器人制造业的局面打开了。2013 年中国工业机器人销量约 3.66 万台，超过日本成为世界第一工业机器人市场。2015 年，销量达 6.85 万台，占据了全球市场的 27.7%。2017 又上升到 15.67 万台，较 2015 年翻了一番多。据 CRIA 和 IFR 统计，2018 年中国装机量占到了全球市场的 36%。冷俊欣慰地看到“四大家族”的神话初步被打破。

技术攻关是克敌制胜的法宝

华成工控企业经过十几年的努力从一个小微企业发展成工业机器人驱控一体化系统产品研发制造的领军企业，这是怎么做到的？按照冷俊的体会，企业一定要专注攻克核心技术，只有突破技术难点、解决行业痛点，研发出市场最需要的核心技术，技术攻关才是在市场上制胜的法宝。

华成工控的技术研发经过了三次大的迭代，才不断完善了产品线。公司以工业机器人控制器为核心产品。控制器相当于工业机器人的大脑，负责控制整台机器人的运动，直接影响工业机器人性能的优劣。作为工业机器人中技术难度最大的三大核心零部件之一，控制器占工业机器人成本的约 12%。

华成的产品线覆盖了运动控制、驱控一体化、机器视觉、总线伺服、低压伺服、云平台等众多产品，广泛应用于桁架机械手、水平多关节机器人、六自由度关节机器人、智能制造自动化站点等各种自动化设备，以及全电注塑机等工业母机等全系列产品。华成也开始向数字化进军，推出自有云平台，并与宝安工业互联网国家节点实现互联互通。公司研发生产的所有控制系统产品，都实现上云，助力企业的数字化转型。

华成产品的特点是实行行业深度订制，集成度高、操作简单、容易上手。华成的所有技术拥有完全的自主知识产权，能够紧贴行业发展、快速迭代，达到了技术安全可控的要求。

华成十几年里始终在工业机器人控制系统领域深耕，成为该行业的上游核心零部件生产商。在注塑机专用机械手的控制方面达到了极高的市场占有率，居于国内领先地位；在驱控一体控制系统配合方面，自主研发的“高性能多轴注塑机械手运动控制系统”的机械手模内取物时间平均值仅 0.395 秒，运动行程在 3 米以内的定位精度达到 0.01 毫米，达到国际领先水平。自主研发的 EtherCat 控制主站通过串联可以实现 2—8 轴的机械手控制，位置控制精度达到国外进口伺服的主流水平。

对技术问题，笔者是个门外汉。听冷总几次说到“EtherCat”一词，忍不住请她用普通读者能理解的话语解释一下，以更好地了解华成的技术秘诀。冷总说：“所谓 EtherCAT，最早是由德国 Beckhoff 公司研发的基于工业以太网的一种控制自动化技术。可以用正飞驰的火车做个比喻。我们要从这一列火车中找出某个特定的乘客信息。一般的技术是要把全列车的乘客消息全部下载、搜索一遍，找出需要的乘客消息。而使用 EtherCat 技术，可以直接找到乘客所在的车厢及乘客的信息。这样就大大地降低了通信的延时性，反应速度大大加快……我们的研发团队吃透了原理，攻克了难关，拥有自己的知识产权。”冷总话语不多，解释得很清楚。“低延时性”显然是电子产品竞争中的一个重要阵地。华成的技术做得好，产品当然有竞争力。

华成工控的机器人在几个关键性能方面都走在前列。运动控制系统产品市场占有率居国内同行前三。2020 年，公司主导产品（控制系统）占国内市场的 23%，居全国第一位。华成连续 5 年被深圳市机器人行业协会评为十大机器人关键零部件企业；控制系统和伺服系统被高工咨询评为 2020 年度好产品，获得该年度工业机器人技术创新奖，同时被评为中国机器人产业链 TOP50。华成工控已发展成为控制系统、伺服系统、驱控一体化系统三大产线齐头并进的自动化核心零部件供应商。2020 年实现营业收入 20955.20 万元，同比增长 58.20% ；实现净利润 4548.01 万元，同比增长 64.62%。

深圳是创业的热土

在采访过程中，笔者感觉冷俊对深圳满心喜欢。她是山东人，从小在银川长大。工作后有机会来到深圳，她一来就喜欢上了这座城市。为什么喜欢深圳呢？她掰着手指头说：“最大的优点是移民城市，年轻人多、有朝气；做事务实、讲效率；生活简单、不需要太多的应酬；移民来的人没有丝毫受排挤感觉……‘来了，就是深圳人’。这句话说得好，举双手赞成！”

而真正吸引冷俊落户深圳、在这里创业的，是她感觉深圳的营商环境特别好。深圳政府办事公正、程序透明。她讲了几个亲身经历的小故事。2006 年公司刚开始创业，资金都投入研发，没有销售额。有一天，冷俊等几人到深圳市南山软件园申请入驻孵化基地。去的几个人都是搞技术的，不擅长语言交流。管理处主任热情地接待了他们，问公司是做什么的。冷俊介绍了公司的技术和产品情况。谈完后，大家感觉自己没背景，没实力，也不认识人，因此没抱太大的希望。但没想到两周后，孵化基地负责人打电话来说，帮他们申请到了300平方米的写字楼研发场地。公司搬进去以后，感觉条件太好了，不光租金低（20元/平方米）、能够享受到优惠政策，而且配套设施非常好。三年孵化时间里，管理处的干部时不时地来公司看望他们，问还有什么需要帮助的，没有给公司添任何麻烦。

孵化期满后，公司搬迁到南山创业园，此时公司已有12名员工。听说市里开始申报国家高新技术企业的工作，冷俊想试一试。市科技局的领导来到企业考察。一看便说："你们公司才十几个人啊！"冷俊回答说："我们高新技术企业开始创业不需要那么多人，但我们现在的人均产值已经达到300万元了。我们的产品完全达到了国产替代进口产品的各项指标……不知道够不够条件？"领导走后，有同事埋怨她说："冷总，你刚才说话太直了，可能会得罪人。我们恐怕没戏了。"结果不长时间后，华成工控被认证为国家高新技术企业。

说起这些十几年前的事情，让人有历历在目的感觉。如果不是这些事情给冷俊留下了深刻的印象，她的记忆不可能如此清晰、说的事实那么鲜活，充满了真实的感情。她总结说："深圳是创业的热土，这是我特别喜欢这座城市的原因。"

2022年，华成工控被评为国家级专精特新"小巨人"企业。笔者突然想起一句话："锥子放在布袋里，是藏不住的。"华成工控就是这样一家企业。

谈到未来，冷总提到了一件事，几年前在深圳机场凯悦酒店召开了2020高工机器人年会暨高工金球奖颁奖典礼。年会上，冷俊发表了"总线产品步入平民化时代"的主题演讲。谈起这个话题，冷总兴奋起来，话语滔滔不绝。她说："在这个问题上也要首先解决认知问题。在一般人看来，只有汽车制造等这种高大上的行业才能用得起工业机器人。实际上，汽车制造业是使用工业机器人的小众，组装线智能站点所用机器人在所有工业机器人占比不到5%。在我国制造业中，占绝大比例的中小微企业对自动化产业链的需求才更加渴望和迫切。机器人应用平民化，才是我们自动化人的追求。”

冷总认为，要想做到平民化，必须达到两个条件：一是设备要便宜。以前只有汽车等这样高投入、高利润的工业才用得起机器人，而现在由于国产设备制造商的努力，让机器人价格变成了“白菜价”。二是设备要简单、易于操作。在这两方面，华成起到了带头作用。她总结：“只要用户愿意使用国产控制系统，替代进口很快就会实现，未来十年智能制造会是一个高速增长的过程。”

冷俊还谈到了如果实现机器人平民化，对于“中国制造”来说可能还有更深一层的意义。近年来，随着人工成本的快速增长，中国制造业企业开始大量外迁至东南亚等人工更便宜的地方。但如果实现了机器人平民化，中小微企业都用得起机器人，就没有必要再将企业外迁。有人可能会说，企业外迁是因为人工成本高，但大量使用机器人，不也是“机器取代人力，同样会出现失业现象吗?”表面上看可能是这样，但其实有质的不同。企业外迁，不仅是工作岗位消失，整个行业都有可能消失，这会影响产业链的完整。但是机器人代替人工，至少产业链还在。就失业的问题而言，对企业提出了培训转岗的新要求，至少其中的一部分员工可以转岗成为软件操作者，这显然是一个好现象。

而随着华成技术研发水平的不断提高，其对员工的培训变得更加容易了。例如，华成开发了软件操作系列“工艺包”，有效提升客户应用的便利性。冷俊将使用华成工艺包的培训效果，与使用外国一家知名公司的同类设备的培训结果做了一个比较。完成这家公司的设备系统培训，需要三天时间；而使用华成的工艺包，就算是初中、高中学历的学生，只用一天便可以掌握华成控制软件的操作知识。这样一来，就算文化水平低一点，掌握华成操作系统也不是问题。这件事对员工的岗位培训、对企业的转型有重大意义。

祝愿冷俊梦想成真。

吴健

三旺通信：深耕工业互联网

深圳市三旺通信股份有限公司（以下简称“三旺通信”）是工业互联领域解决方案领导品牌，致力于工业互联网通信产品的研发、生产和销售，以及智能化解决方案的提供。在国家“六基”领域中，属于“关键软件”领域；在深圳的“20+8”产业集群中，属于“软件与信息服务”产业集群。2020 年 11 月，三旺通信被评为国家级专精特新“小巨人”企业。同年 12 月，公司成功登陆科创板。

缘起于高交会

三旺通信创建于 2001 年。公司有三位创始人，都来自江西九江。接受笔者采访的是公司创始人之一吴健。

吴健（1975 年— ），1998 年参加工作，曾任九江市第一建筑工程公司副总经理，创办三旺通信后任公司董事及审计委员会委员。

另一位创始人是董事长兼总经理熊伟，笔者认识他更早。2012 年深圳中小企业发展促进会组织一个经贸考察团到南非考察，笔者在此认识了他。熊伟（1977 年— ），江西九江市永修县人，东南大学博士，电子信息工程和控制工程专业。本科毕业后南下广东，在 TCL 南方通信（惠州）有限公司担任硬件工程师一职。2001 年辞职创立三旺通信。

这一年中国成功加入世贸组织（WTO），全国掀起了新一轮的创业热潮。熊伟前往深圳创业。他和吴健东拼西凑50万元启动资金，成立了深圳市三旺通信技术有限公司（2019年改名为三旺通信股份有限公司），是国内最早从事工业互联网行业的企业之一。

还有一位创始人袁自军（1977年生人），也是九江人，任公司董事兼副总经理。

吴健解释了公司起名的经过。老子《道德经》上说："一生二，二生三，三生万物。"大家很喜欢老子这句充满哲学意味的话语，就将公司定名为"三旺通信"，其中的"三旺"有两个含义：一是公司有三位创始人，大家是老乡、好友，现又合作创业，三人一条心，黄土变成金；二是三生万物，万物兴旺，希望公司选择的工业互联赛道，能够做得风生水起、兴旺发达。

吴健由此话题讲起了公司创业的起因。三旺通信工业互联网产品这个"果"，其种子早在1999年深圳首届高交会就种下了。高交会的全名是"中国（深圳）国际高新技术成果交易会"，是我国继中国出口商品交易会（广州）、中国投资贸易洽谈会（厦门）之后的又一个国家级交易盛会。开幕仪式上，当时的朱镕基总理亲自到会致开幕词。

由于是首届，现场氛围极其隆重热烈。熊伟和吴健两人也来观展，穿梭在琳琅满目的产品中参观学习。面对国外展台展出的工业级通信设备，两人产生了极大的兴趣。熊伟说："国外设备的价格贵得离谱啊，这些设备的大部分技术国内厂家也掌握……"吴健对此表示赞同，他分析说："主要原因还是国外厂家对工业级的通信产品实行了垄断，只要有决心做，垄断是可以打破的……"经过深入研究，两人做出了一个决定：我们也进入这一行业，用国产产品替代进口产品。

后来经过2年多的筹划，终于在2001年成立了三旺通信。公司成立后，大家将所有的家底都拿出来投入技术研发。开弓没有回头箭，大家一心一意开始创业。

创业的过程充满了艰辛。为节省费用，公司最初在福田区沙头街道下沙村立足，租来的房就是实验室兼宿舍。为开拓市场，在华强北街的赛格电子市场里租柜台开店，销售人员整天穿行在电子市场里，推销公司的产品。

为进一步发展壮大，公司先后制定了四个“五年发展规划”。有了规划，大家心中有了发展蓝图，执行规划上下一心、为同一个目标努力。同时，紧跟国家战略和市场形势，及时修改规划、调整公司的发展方向。20 多年过去了，回过头来看，公司基本上按照规划实现了平稳发展。

投身工业互联网的“大江大河”

2003 年是公司发展的关键之年。这一年，熊伟受邀请参加深圳有关单位召开的“开放系统互联大会”。会上听到一位专家提出一个观点：“以太网是未来的基础网络”。这里需要做一些科普知识的解释，所谓“以太网”是一种最基础、最普遍的计算机局域网技术，而“工业以太网”则是一种基于以太网强大的区域和单元网络。“工业以太网”好比是工业生产中的神经系统，有了这个系统工业发展就有了无限的潜力。

这是一个很新颖的观点，但有点超前，因此被会上的其他大量信息淹没了。但熊伟凭借扎实的专业知识和对行业的敏感度，捕捉到了这一信息。他认为，工业互联网是一个新的发展方向，这一行业蕴含巨大的发展潜能，将会有广阔的市场空间。会议结束后，他回到公司将这个信息和自己的心得与大家分享。经过深入的讨论分析后，大家达成了共识：确定公司未来的发展方向，向工业互联网进军。

而后，中国工程院院士、我国知名计算机专家倪光南关于“工业互联网牵涉到国家安全等核心利益”的论断，更是坚定了公司在工业互联网赛道上一战到底的决心。

三旺通信决策后的行动十分迅速，集中科研技术力量投入产品研发中。第二年，公司研发的新产品——嵌入式工业以太网模块及工业以太网交换机推向市场并深受好评。

整个过程当中，让大家深受鼓舞的是，公司的决策都踩准了每一时期国家工业发展的脚步。就是在2003年前后，国家加大对基础产业和基础设施投资建设力度，轨道交通、煤炭、电力等行业的发展尤为迅速。三旺通信正是乘着这股强劲的东风，顺势而为，不断创新，推出更多的新品应用在智慧城市、矿山、轨道交通、电力及新能源、智能制造等领域。

三旺通信在工业互联网技术领域的研发是全面覆盖。工业互联网是新一代信息通信技术与工业经济深度融合的产物，是实现产业数字化、网络化、智能化发展的重要基础设施。其产业链分为上中下游三个环节，上游环节主要是指智能终端生产设备、网络技术等基础保障，包括传感器、工业机器人、网络等；中游环节主要为工业互联网提供开发环境、运营环境、软件应用及安全保障等，具体涉及边缘数据处理、云计算、互联网平台、工业App等；下游环节是指工业企业主要应用的工业互联网场景，包括高耗能设备、通用动力设备、新能源设备、高价值设备等。

三旺通信的产品在这三个环节都有涉及。例如，在智慧城市领域，公司目前已初步形成一套从管理平台到边缘人工智能（Artificial Intelligence，缩写AI）计算与多种终端设备组成的系统。在轨道交通领域，公司全力研发确定性网络（Time-Sensitive Networking，缩写TSN）系列技术，目前已成功推出行业专用产品。在行业解决方案上，TSN解决方案在数据融合传输及实现互联互通等方面展现了前所未有的潜力，为工业通信带来了新的变革动力；无线通信整体解决方案是公司研发的漫游加速技术，速度比普通漫游技术提高了 4 倍多，实现了漫游零丢包、满足数字时代更多无线应用场景的需求……

三旺通信的核心技术优势是什么呢？简单说，标准，生态。

先说标准。按照熊伟的看法，目前我国工业互联网整体上存在的问题是核心技术和高端产品对外依存度较高，关键平台综合能力不强等，其中最为致命的是标准体系不完善，传统工业现场总线、工业以太网等网络技术的标准被少数发达国家垄断。

一直以来，公司始终在研发核心技术、制定标准上下功夫，努力打破外国企业的垄断。其中，仅熊伟的个人专利就达到 60 余项。他先后参与了电力、交通、安防等多个行业的工业以太网交换机技术标准的起草编制工作。由于贡献突出，先后获得“深圳领军人才”“百优工匠”“创业成就奖”“南山区领航人才”等多项殊荣。

再说生态。按照吴健的创业体会：“技术研发创新虽然难，更大的难题在于建立起良好的生态系统。建立工业互联网，需要构建一个开放式、具有生命力的生态系统。这个生态系统就像是一个庞大、神秘的‘热带雨林’，各种生物、动植物相依为命、共生共长，这样的环境里充满着无限的生命力。工业互联网如果有了这样‘热带雨林’式的生态环境，每一家企业都可以在这个环境里得到营养、善用其长、创造价值，企业就能茁壮成长，工业互联网也会良性发展……”

笔者感叹吴总这段话说得好，把一个非常抽象复杂的专业问题讲得如此形象生动、便于外行人理解。笔者忍不住问：“建立这样的生态系统，恐怕非一家之力所能承担，公司如何发力呢？”

吴健进一步提道：“是的，独木不成林，众人拾柴火焰高。20 多年里，三旺通信始终坚持以行业需求为导向，加大研发投入，联合上下游企业、生态合作伙伴，共同打造合作共赢的智慧生态圈，积极推动跨界创新研发、赋能行业，创造更美好的智慧生活。只要功夫深，铁杵磨成针，对建立工业互联网生态系统坚定不移的信念，是公司创业的最大热情和动力。”

为国家工业化添砖加瓦

三旺通信能够在长达20多年的时间里，始终在工业互联网领域里深耕，其决心之大、恒心之坚，令人赞叹。他们之所以能够做到这样，与中国实行工业化的时代大背景有关。

200多年前英国爆发了工业革命，中国由于闭关锁国，失去人类文明转型发展的重大机遇，陷入了落后挨打的局面。三旺通信领导层熟知这段历史，深知工业对于一个国家的重要性，熊伟说：“无工业，不强国。作为中国民营企业家，不但要关心企业盈利，也要追求社会价值和家国意义，这是创业的初心，也是使命所在。”

三旺通信的工业互联网通信产品和解决方案被应用在许多大型工程和项目上，取得了极好的经济效益，产生了极大的社会影响。下面举几个例子。

港珠澳大桥的通信网络用的是三旺通信的设备

港珠澳大桥桥长55公里，2018年建成通车，创造了世界建桥史上的奇迹。大桥刚建好那几年车辆通行不多，如今突然热闹起来，尤其是在重阳节前后，大桥上车水马龙、拥挤不堪。其中便有三旺通信提供的安全稳定的网络通信功劳。三旺通信是怎么做到的呢？吴健解释了其通信网络技术的先进性。他说：“关键是实现了卡口的智能化管理。以太网交换机连接高清摄像头，并与全千兆汇聚层交换机组成环网，形成冗余网络，提供足够的带宽通道，确保网络链路备份安全；同时，用4路串口服务器把分散的RFID发卡机、车牌识别器、电子秤、栏杆等串口设备连入网络，实现车牌识别、IC卡识别、闸口控制等智能化监控……”

为北京大兴机场地铁提供通信保障

北京大兴国际机场是世界级航空枢纽、4F 级机场。所谓“4F 级机场”是机场等级中最高的一种，可以起降各种大型飞机。机场航站楼面积为 78 万平方米。2021 年完成旅客吞吐量达 2505 万人次。这样巨大的机场，对地面交通输送有很高的要求。三旺通信依据大兴机场地铁实际运行环境，制定了专业的技术解决方案，保证数据传输稳定、可靠，组网灵活方便，能够轻松与第三方软件进行数据交换，且无须专人维护。

为阿里工程提供通信技术

藏中联网工程是西藏藏中等地的供电联网组合工程，是继青藏联网、川藏联网工程之后又一项突破生命禁区、挑战生存极限的高原电网建设超级工程。三旺通信在工程建设中，承担为输电线路在线监测系统提供通信技术支持，保障了把光和热送到了当地 38 万农牧民家里。

为保时捷生产线提供整体通信解决方案

保时捷（Porsche）是德国大众汽车旗下著名豪华汽车品牌，是欧美汽车的主要代表之一。三旺通信为其工厂生产线提供了机器人视觉和喷涂机器人整体解决方案，帮助保时捷实现喷涂工作智能化。有了三旺通信的方案支撑，保时捷实现了产品质量的稳定提升，降低了企业生产成本。代表汽车制造业最高水平的德国汽车企业能够采用三旺通信的工业互联网设备，充分证明了该技术的领先实力。

以上列举的是三旺通信先进技术被运用于一些大型工程中所发挥的关键作用。还可以从另外一个角度看该公司先进通信技术的重要作用，就是以人为本、保护生命中的特殊贡献。笔者对这个话题很感兴趣，请他详细地说一说。

吴健说：“在许多工业场地可能会出现意外情况、发生危险。我们网络技术的研发方向在向智能化、自动化发展，可以实现远程控制，避免许多潜在危险的发生。例如，有些工厂的锅炉间温度非常高，就算工人们穿上防护服进入都有危险；海上的风电铁塔高度达到一两百米，高空风又大，现场作业容易出事故；在堆满工业废料的钢铁厂，现场操作也很危险，随时有可能发生恶性事故。但这些场合如果通过技术的运用，可以远程或自动化地进行一些操作，从而避免工作人员暴露在危险环境中。”

吴健的讲解让我们了解到了三旺通信研发先进技术的重要性，也理解了公司领导所说的“无工业，不强国”的深刻含义。

三旺通信的创业者心中有振兴中华的理想，有实业报国的情怀。希望深圳涌现越来越多这种专精特新“小巨人”企业家，这样深圳的发展才能实现新的跨越。

邓建

千分一：研发绿色环保电容笔

深圳市千分一智能技术有限公司（简称“千分一”）的产品是主动电容笔，用在智能终端设备，比如平板电脑，折叠屏手机等屏幕上写写画画。在国家“六基”领域中，属于“核心基础零部件”领域；在深圳的“20+8”产业集群中，属于“智能终端”产业集群。2022 年千分一公司被评为国家级专精特新“小巨人”企业。

创业的成败甘苦

我们来到安家在南山智园崇文园区宽敞明亮的大楼里的千分一公司采访，受到了邓建总经理热情接待。邓建（1986— ），山东聊城人。2010 年毕业于中南大学企业管理专业。和无数个身怀梦想的年轻人一样奔向热土深圳，入职一家高科技企业。2014 年成立千分一公司，从此自己开始创业。

邓总健谈又直爽，真是山东人的性格。他讲述公司的创业故事，是从第一个失败产品打开话匣子的，这种情况不多见。公司原来从事的是智能家居行业，公司研发的第一类产品叫智能猫眼，品牌的英文名字叫 MAXEYE，翻译成中文是“最大的眼睛”，含义是公司开发的智能猫眼看门外的动静，视野广、看得清楚。从名字可以看出来，创业的年轻人想要研发、生产出最优秀的产品。俗话说，一分价钱一分货。既然是最顶级的产品，价格当然不菲，售价人民币 500 元 / 个。研发人员为自己产品的高质量感到自豪，但没有想到产品在市场无人问津。研发人员到市场上摸情况，发现当时浙江乡镇企业生产的防盗门才卖 200 元，难怪定价 500 元的猫眼卖不出去。

这次失败给了邓建深刻的教训。他说："我们犯了所有创业团队几乎都会犯的错误，我们在为自己想象的市场搞研发，而不是按照市场的实际情况设计产品。市场是最严厉的裁判，不听你想说的千百个理由，不怜悯你'为用户好'的动机。"

好在年轻人输得起，深圳又是一座宽容失败的城市，于是新的研发开始了。这次选择的是主动式电容笔，所谓主动式电容笔，就是通过芯片、传感器等构建电子电路，实现与电容屏幕交互，可在电容屏幕上完成精细化操作（书写、绘画）的电子笔。简单来说，就是能够在手机或电脑屏幕上写字的笔。

2015 年在电容笔行业发生了两件大事：一件是美国苹果公司在生产的 ipad 上开始使用电容笔；另一件是美国微软公司收购了以色列一家专门研发电容笔技术的公司，微软公司花费 2.2 亿美元，将这家拥有众多专利的公司收入囊中。前一件事引来电容笔的市场爆炸式扩大；后一件事标志着行业巨头开始涉足电容笔的研发生产。蛋糕要迅速做大！邓建说："由于这两件事情的发生，2015 年被行业认定为电容笔亮相的元年。我们恰好在这一年开始研发电容笔，这是我们运气好，进入了一个有潜力的赛道。"

2016 年收购了电容笔专利技术的微软公司准备大举进入电容笔市场，为此在全球寻找生产供应商。千分一公司听到消息，将自己研发的电容笔送去应选。由于质量好、成本低，千分一的产品被微软公司选中，获得了美国微软公司 MPP（Microsoft Pen Protocol）的官方授权，2017 年紧接着又获得了 USI（Universal Stylus Initiative）的官方授权，这也就意味着千分一公司正式可以为全球所有品牌客户提供电容笔产品。千分一用科技创新和优异的产品获得了珍贵的入场券，拥有了与国际竞争对手同台竞技的机会。邓建评价说：“微软的授权对千分一公司的发展非常重要，为公司在这个赛道里的突飞猛进奠定了基础。”

邓总说千分一公司创业时“运气好”，此话有道理；但笔者想起了另外一句话：“命运女神总是垂青那些有准备的人。”在正确的时间做正确的事可以算是有运气，但做事时做出正确的决策，却要靠自己的智慧和本事。

核心技术买不来

笔者对电容笔的技术很陌生，因此在采访中不断地询问一些技术问题。邓建很耐心地解释了其技术原理。

凡是在电子产品屏幕上写作的笔，可以总称为“触控笔”。触控笔分为被动笔和主动笔；主动笔又分作电磁笔和电容笔。千分一公司做的是电容笔。电磁笔和电容笔是两种不同技术路径。简单地说，电磁笔的书写是电磁笔与屏幕下方安装的特殊电磁膜实现交互完成的；电容笔则是通过在电容笔上增加控制芯片和一些传感器来实现与电容屏的交互。

由于不需要另外加电磁膜等，节省了昂贵的材料和工序，大大降低了成本。电磁笔技术是由日本和冠公司（英文名叫 Wacom）发明的，在 40 多年前就注册了专利；而电容笔的历史短得多，但后来者居上。由于电容笔能够有效地降低成本，书写效果也越来越好，大有取代电磁笔的趋势。

千分一公司电容笔的核心技术是什么？是电容压力传感器。由于受电容笔细细笔杆的限制，要求压力传感器做得很小。这种体积极小，又能满足高精度要求的压力传感器技术，掌握在日本两家公司手里。由于技术要求高、产能有限，电容笔专用的压力传感器很紧俏，下游的生产厂家总是排队等货，甚至提前付款也不能及时收到货。该类小电子器件制约了整个行业的发展，如果停止供应，就好像关闭了生产线上的上游，下游的厂家必然倒闭。

千分一公司决心摆脱这种“卡脖子”的处境。2022 年公司组织电子专家、材料专家、结构专家组成攻坚小组，请他们放下手中所有工作，用一年时间攻关。为鼓舞士气，也为减轻他们过大的压力，邓总特意讲清楚：“就算技术难关攻不下来，年终奖一分不少。”专家们没有了后顾之忧，集中精力一门心思攻克难关，在技术上另辟蹊径，结果 10 个月拿出了技术成果。经过测试，该技术比日本的旧技术效果还好，该技术申请了全球专利。

采用新技术的千分一电容笔一经面世，受到了用户的热烈欢迎。2023 年某国际一线品牌举办产品采购竞标活动，这是一个销售额达到两亿元的大竞标项目。千分一公司积极参加竞标。经过测试，千分一电容笔以技术先进、价格低廉，而且拥有全球专利而胜出。2023 年千分一公司的技术产品还参加了深圳市技术创新大赛，获得三等奖。

以上讲的只是千分一重视技术研发的一个例子。实际上，公司就是为研发新技术而生的，经过多年努力积累了大量的自有技术知识产权。进入公司门，笔者看到在一面墙上贴满了公司的专利证书。“专利墙”面积之大，给笔者留下了深刻的印象。由于公司技术研发力量比较强，广东省科技厅将广东省主动式电容笔的工程技术研发中心设立在千分一公司。公司拥有 300 多项主动式电容笔专利，其中发明专利达 80 多项；公司还在海外市场申请注册了十多项国际专利。

电容笔前途无量

进入千分一公司的大门，迎面一堵墙上有一块很大的牌匾，上面用艺术字体写着一段话："千里行，分秒争，一举万里鸿鹄志。"

采访时，笔者问到了这句话的含义。一同接受采访的另一个公司创始人李强拿起电容笔，把这段话写在笔记本电脑的屏幕上，然后把句首的三个字圈起来。笔者一看，"千分一"。原来公司的名字是这么来的。从这一句话中看到了公司的追求：千里行表示脚踏实地有毅力；分秒争表示工作要求高效率；鸿鹄志表示远大抱负志向高。

由此话题自然地转到了公司的理念和企业文化上。邓建说："公司的愿景：成为世界一流的高科技企业。公司的使命：让科技服务人类，为用户提供卓越的生产力工具。公司的企业文化是：创新、专业、简单、真诚。"公司创业不满 10 年，已经取得了出色的成绩，这与公司重视企业文化建设有很大关系。

我们谈到了政府专精特新"小巨人"企业培育认定工作对企业发展起到了良好的促进作用。邓建认为，政府这项工作抓得好，给企业带来了意想不到的好处。他举了一个例子，有一家国内知名品牌手机公司，为提升手机销量准备增加电容笔书写功能。为此，找来 3 家厂家商谈，准备确定一家供货商。一位副总裁出面与邓建谈判，当他在阅读千分一公司准备的 PPT 文件，看到公司被评为国家级专精特新"小巨人"企业的信息时，愣了一会儿，接着表态说："自己倾向于选择千分一做供货厂家。"邓建完全没有想到副总裁会如此快地表态，因为他已经了解到，另外两家竞争者的公司规模更大、实力更雄厚。邓建问他为什么选择千分一公司，副总裁回答说："因为你们是专精特新'小巨人'，有更强的创新能力。实话实说吧，凡是公司做大了，创新精神会弱化；同时，由于公司大、业务面宽，很难在业务的细分领域聚焦创新、持续创新。这种情况下，我们特别需要供货商能够不断地提供创新的'金点子'。对于我们来说，最理想的供货商不光是供货，而且能够不断地帮我们探索下一代新技术发展的方向，研发出受市场欢迎的新技术产品。如果说，我们原来主要靠'公司内部的创新'，现在则更多地靠'供应链创新'。只要供应链上的合作伙伴拥有持续不断的创新能力，就能保证我们不断推出新产品……"

邓建听了这位副总裁的话，既感觉高兴，又有了压力。说高兴是因为公司积极参加专精特新"小巨人"企业评选为公司带来了实际好处；但面对客户"供应链创新"的要求，又感觉到了肩头担子的压力。后来转头又一想：其实这两者是可以统一起来的，创新是公司的核心竞争力，也是公司永葆青春的秘诀。想到这里邓总的心情更愉快了。

我们的话题转到了对电容笔市场前景的讨论。采访过程中，邓建和李强用的是笔记本电脑，他们用电容笔在屏幕上写写画画；笔者用的是纸质的笔记本，用墨水笔做记录。

邓建问笔者："段老师，你用不用电子笔记本做记录？"

我回答说："也用。但更多时候习惯使用纸质笔记本。虽说是烂笔头、一纸片，但用着方便，更重要的是可靠。虽然电子笔记本记录文字时也方便，但我怕操作不对，一键按错，记录的文字会不翼而飞，这种情况有点可怕。"

他点点头说："有时候会出现这个问题。但是您有没有感觉到，保存和查阅电子记录文稿更方便？你使用'搜索键'，输入寻找内容的关键词，文稿内容就全部出来了。而且，搜索功能能做更多的事，能够把我们谈话有关的文字、录音、图片等信息都找出来，供你写作时参考使用。"

"至于您说的电子记录可能会丢失的问题，随着'数字坐标'技术的发展，这个问题可以解决。现在华为和苹果都在研发这类技术。你写写画画的东西，即时会储存在云计算平台里，不再会丢失了。”

“我们认为，电子书写会有极其广阔的发展前景，是因为它解决了环保问题。在欧洲电子笔记本非常流行，为什么？是因为欧洲人有更加自觉的环保意识。虽然在我国电子笔记本还没有像欧洲那样普及，但是随着电子笔技术的发展，随着国人环保意识的不断提高，包括电子屏幕、电容笔在内的电子产业将会迎来巨大的发展机遇。”

在邓建翻阅着介绍公司状况的 PPT 文件里，笔者看到一张手绘图，画面是一个摆放着各种文具的文件柜场景，文件柜上摆满了密密麻麻的电容笔。图上写着一句话：“电容笔会成为像普通文具一样的必需品——任何地方、任何场所、任何人。”（后面半句话是用英文写的：anywhere，anytime，anybody）

这张手绘图和这段文字，清楚地说明了电容笔光明的发展前景。采访完千分一公司后，笔者开始认真考虑以后真应该将纸质采访本改成电子笔记本了。

附　录　他山之石

从世界范围内看，中小企业是一支不可忽视的重要力量，是国家经济发展的主力军。分析各个国家的经验，可以看出一个规律：凡是中小企业发展好，其国家经济发展就比较好；凡是对中小企业不关心、不重视，不闻不问任其自生自灭，其国家经济实力不可能强。

他山之石，可以攻玉。美国是世界上经济实力最强的国家，制造业依然强大。目前美国和中国的经济总量分别为全球第一名、第二名，因此美国肯定是我国经济发展最重要的参照系。德国是欧洲经济的领头羊，德国的制造业规模虽然不算最大，但是其高端制造业无疑为世界第一，也是我国另一个追赶对象。因此，这两个国家的经验对我们有重要启示。

一、美国发展小企业的做法

美国小企业实力雄厚

美国1776年建国，用了150年多年的时间实现了工业化，替代英国成为世界制造业大国。早在20世纪初，美国在煤、生铁和钢铁等传统工业品产量方面达到世界第一。第二次科技革命后世界进入电气时代，美国在汽车产量和发电量方面开始领先，1925年美国的汽车产量是英国的25.5倍。二战后，美国引领了第三次科技革命，几乎每十几年就有一个重要突破，美国制造业长期稳居全球领导地位。

美国制造业能够长期保持竞争力，重视发展小企业是重要原因之一。在规范约束大企业的同时大力支持小企业，是美国政府和民间的共识。长期以来，小企业为美国贡献了大约50%的就业和大约75%的税收。美国小企业的技术创新能力强。20世纪80年代以来，美国小企业完成的科技发展项目占全国的70%左右，人均创新发明是大企业的2倍。20世纪对美国和世界有巨大影响的65项发明，基本上来自个人及小企业。小企业的投资效率高，科技投资回收期比大公司短1/4。苹果（Apple）、亚马逊（Amazon）、谷歌（Google）、特斯拉（Tesla）等世界知名企业，从小到大，超常规发展，迅速成长为独角兽和巨无霸。

就美国整个制造业的情况而言，至今仍然十分强大。2019年，美国制造业增加值为2.34万亿美元，超过了欧盟的2.32万亿美元。虽然比不上中国（2020 年中国制造业规模为 4.83 万亿美元，大约是美国的 2 倍），但是如果考虑到美国在与制造业有关的设计、研发、融资等优势，美国仍是当今世界第一梯队的制造业强国。

美国扶持小企业的政策体系

美国小企业实力雄厚，得益于美国政府一贯实行的系列扶持政策。具体内容如下。

一是形成了强有力的领导、协调与服务机构。

美国的小企业服务体系是一个庞大的系统。在国家最高层面有三个部门：(1) 白宫小企业会议（White House Small Business Conference）；(2) 参众两院设立的小企业委员会（Small Business Committee）；(3) 联邦政府小企业管理局（SBA，Small Business Bureau）。

该体系包括国会和联邦政府、州政府、非营利组织及营利组织等 4 个层次，从上到下都有负责管理、指导和扶持小企业的机构。

二是建立了完善的法律体系。1953 年通过的《美国小企业法》确定了小企业的法律地位和国家对小企业基本政策和管理措施，成为保护小企业的基本法。美国还颁布了《机会均等法》《联邦政府采购法》《小企业投资法》《小企业经济政策法》《小企业创新发展法》《小企业投资奖励法》《扩大小企业出口法》《小企业贷款增加法》《小企业项目改进法》《小企业投资中心技术改进法》等，将技术创新和解决就业确立为小企业的两大功能，不断优化小企业的外部环境，对小企业的发展起到了良好的促进作用。美国与小企业有关的法律法令超过 100 项。

三是成立法定机构具体落实小企业政策。联邦政府的小企业管理局（SBA）成立于 1953 年，总部设在华盛顿，在美国十大城市设有分局，分局下设 100 多个地方机构，主要职责就是帮助美国人创办小企业，统一管理和协调中小企业的发展。SBA 通过设在全国的经理服务公司和 960 个中小企业服务点，以自愿和合同的方式为中小企业服务，从创业准备、计划拟定、公司成立、行政管理、商业理财等多方面提供咨询。

对小企业实行了资金扶持和政策优惠

美国对小企业的资金扶持包括以下几点。

一是信贷融资。联邦政府通过小企业管理局管理的各种不同的贷款项目，为小企业提供贷款。给小企业贷款风险比较大，美国小企业管理局对银行收不回来的小企业贷款，用大部分兜底的办法解决。在出现小企业从银行贷款烂账问题时，小企业局按照 75%—85% 的比例为银行补偿部分欠款。近年来，SBA 为中小企业提供超过 900 亿美元的贷款担保。此项措施大大降低了银行风险，提高了银行为小企业贷款的积极性。

二是税费减免。1981 年美国政府出台了《经济复兴税法》，开始实行美国有史以来最大规模的减税计划。

三是政府采购。美国法律规定，联邦政府采购合同份额的 23% 必须给予小企业，并要求大企业将获得的政府采购合同份额的 20% 转包给小企业。

四是知识产权保护。按照以前的做法，凡是由政府机构资助而创新的科研成果，其所有权都属于政府。1980 年颁布了《贝多法案》和《史蒂文森—怀德勒技术创新法》，允许大学、国家实验室保留由联邦政府经费资助所得到的研发成果的知识产权，鼓励将研发成果转让给小企业；大学有权获得由联邦政府出资的研发成果的转让收入，并与发明人共享。这两部法案的颁布对美国的科技创新和小企业发展具有里程碑式的意义，使得大学管理者和教师对创业的态度有了根本性的转变，促进了围绕大学的研究成果大量创办科技新型小企业的兴旺局面。美国硅谷的兴起就是源于此。

美国对小企业的优惠政策，还集中表现在制定的几项先进技术计划上，其对促进小企业的发展起到了非常重要的作用，值得详细介绍。

一是先进技术计划。该计划实施于1990—2007年，通过政府与工业界分担研发成本，资助私营部门难以独立承担的高风险研发项目，加速技术的开发和商业化，带动美国经济增长和产业的竞争力提升。计划资助项目分布在先进材料及化学、信息技术、电子通信、生物技术4个领域。

二是中小企业技术创新计划。2007年8月，为了促进研发与创新，保持并提升美国的国家竞争力，美国政府颁布了《美国竞争法案》。该法案提出设立技术创新计划（Technology Innovation program，缩写为TIP）。通过支持国家有重大需求，且有高风险、高回报的研究项目，帮助美国的企业、高校、国家实验室和非营利的研究所等机构，促进创新。该计划也是对终止于2007年“先进技术计划”的衔接。

三是小企业创新研究计划。1977年，美国国家自然科学基金设计发起了小企业创新研究（Small Business Innovation Research，缩写为SBIR）计划，1982年美国国会通过《小企业创新发展法》，该法案正式启动。SBIR有4个目标：刺激创新、满足联邦研发需求、促进弱势群体参与创新、促进私人部分对联邦政府创新成果的商业转化。

四是小企业技术转让计划。1992年，美国国会通过《小企业技术转让法》授权政府实施小企业技术转让计划。

以上资金支持和优惠政策的实行，极大地推动了小企业的技术创新与产业发展，对美国的经济发展起到了相当重要的推动作用，也让美国在相当长的时间里成为世界制造业第一的国家。后来随着全球化推进，美国开始逐步将技术含量低、生产成本高、消耗能源多、环境污染重的产业转移到发展中国家；而把高新技术的研发紧紧地抓在自己手中，并通过美元是世界货币的优势，潮汐般地从世界各国收割利益，享受经济全球化的最大红利。

在一般人的印象中，美国的制造业已经衰败了，但是实际情况可能比较复杂。可以从两个方面看这个问题。一方面，美国的高端制造业其实并没有多少流出，流出的主要是低端制造业。如今世界已经进入信息网络时代，原来的制造业内涵已大大改变。过去几十年里，从美国转移出去的多为传统的、低端的制造业，而它一直将高端制造业牢牢地掌握在自己手里。在美国制造业不断历经升级换代过程中，一些落后的、传统的夕阳工业被淘汰；创新的、先进的、知识技术密集型产业大发展。在生物、化学、医药医疗、精密仪器、精细机械制造、基础材料、航天航空、军工、能源、交通、软件设计、绿色工业等众多领域，始终保持着世界领先的地位，不仅产值规模一直在稳定增长，并且企业大都集中于产业链的高端位置。

此外，对三个产业的不同统计口径也造成了一般人的误读。按照2018年的数据，美国的第一产业占其GDP的0.8%，第二产业占18.6%，第三产业占80.6%。表面上看，第二产业（工业）比例不算高，但是有一个重要的因素，即为制造业服务的“生产性服务业”统计属于第三产业。据估计，美国的生产性服务业占美国经济总量的一半左右，这决定了美国制造业在全球价值链上的高端占位，以及整个经济的可持续发展性。可以说，谁掌握了生产性服务业，谁就掌握了制造业的未来。因此，笼统地说“美国制造业衰退”的说法过于简单。

另一方面，美国本土产业的空洞化也确实给美国带来了一定的负面影响。因此，美国政府开始实行产业回归计划，特朗普喊出了“让制造业回流美国”的口号。这是既要在全球化过程中赚取最大的红利，同时又想继续保持制造业的大份额（或者说想控制全球的制造业）。两头的好处想独占，鱼肉与熊掌都要归自己所有。在美国生产成本不断高涨的情况下，高端产业回流也许有可能，但让中低端产业回归既不可能，也不合算。全球化是不可逆转的大趋势，美国的逆全球化行动损人不利己，严重干扰和迟滞全球化的发展进程。但全球化是大势所趋，很难改变。顺之者昌，逆之者亡。

【企业故事】

仙童促成美国半导体行业崛起

仙童半导体公司是一个传奇，它引导了美国半导体行业的崛起，也成就了旧金山“硅谷”的奇迹。故事要从1947年说起，那一年AT&T贝尔实验室的旅美英国科学家肖克利和他的同事巴丁、沃尔特·布拉顿发明了半导体晶体管。使用晶体管取代电子管后，计算机不仅速度提高了数百倍，耗电量下降了九成，价格也下降到原来的十分之一。

1956年，肖克利辞去贝尔实验室工作，在旧金山湾区创办了肖克利半导体实验室。由于肖克利在半导体界的名气很大，一大批科技界的年轻英才聚集到了肖克利实验室。其中包括后来发明了集成电路的罗伯特·诺伊斯，提出摩尔定律的戈登·摩尔等人。

年轻人很快发现肖克利虽然是科学上的天才，却对管理一窍不通，也没有商业远见。于是，在1957年9月18日，8个年轻人向肖克利提交了辞职报告，气得他大骂他们是“八叛逆”。8个年轻人创办了另一家半导体公司——仙童半导体公司（Fairchild，音译“费尔柴尔德”，意译为“仙童”）。仙童公司开创了全世界的半导体行业，因此被誉为“世界半导体公司之母”。这些公司大部分集中在旧金山湾区。由于集成电路使用的半导体原材料主要是硅，靠集成电路产业发展起来的旧金山湾区后来被称为“硅谷”。

1958年1月，仙童半导体公司拿到了IBM公司给它的第一张订单：订购100个硅晶体管。到这年底，公司已经拥有50万美元销售额和100名员工，依靠技术创新优势，一举成为硅谷成长最快的公司。

1959年2月，德克萨斯仪器公司（TI）工程师基尔比申请第一个集成电路发明专利的消息传来，仙童公司的伙伴在震惊之余奋起直追。该年7月，仙童公司也向美国专利局申请了专利。两家公司为集成电路的发明权争得不可开交。1966年，富兰克林学会同时授予两人巴兰丁奖章，基尔比是“第一块集成电路的发明家”，而诺依斯为“提出了适合工业生产的集成电路理论”的人。后来法院判决认定集成电路是两人同时发明的。

20世纪60年代，仙童半导体公司进入了它的黄金时期。1967年公司营业额近2亿美元，在当时可以说是天文数字。辉煌中往往孕育着危机。由于伙伴们不满母公司在经营问题上的不公平做法，“八叛逆”中的金·赫尔尼、谢尔顿·罗伯茨和尤金·克莱尔3人首先负气出走，成立了阿内尔科公司。后来精英人才纷纷出走仙童公司前往广阔的天地里自行创业。其中有格拉斯创办的西格奈蒂克斯半导体公司。查尔斯·斯波克到国民半导体公司（NSC）担任首席执行官（CEO），他让该公司扭亏为盈成为全球第六大半导体厂商。杰里·桑德斯带着7位仙童员工创办高级微型仪器公司（AMD），该公司成为仅次于英特尔公司的微处理器生产厂商。“八叛逆”中的最后两位罗伯特·诺依斯和戈登·摩尔，带着格鲁夫自立门户，创办了大名鼎鼎的英特尔（Intel）公司。虽然告别了仙童公司，“八叛逆”仍然定时聚会，最后一次聚会是在1997年。8人之中6人还健在。

也许是由“八叛逆”培养出了“叛逃”企业文化，进入仙童公司的精英人才源源不断地进入信通公司，但他们像潮水般涌来，又像潮水一样退去。走出仙童公司大门的创业者就像一个个火种，在美国大地上燃起了半导体产业的熊熊大火。《硅谷热》一书的作者写道：“硅谷大约 70 家半导体公司的半数，是仙童公司的直接或间接后裔。在仙童公司供职是进入遍布于硅谷各地的半导体业的途径。1969 年在森尼维尔举行的一次半导体工程师大会上，400 位与会者中，未曾在仙童公司工作过的还不到 24 人。”真可谓：

小企业是幼苗，长大后是大树。

创业时创造了一个产业，发展后成就了一个行业。

※ 2012 年作者段亚兵在斯坦福大学留影

笔者曾经多次去美国，写了《美国会是永远的帝国吗?》一书，对中美两国的文明文化进行比较研究。其中旧金山去过 2 次，每次都一定要到硅谷去转转。笔者最喜欢在斯坦福大学散步，校园开阔，占地面积 33 平方公里，是美国占地面积最大的大学之一。校区没有院墙，开放式的校园，环境异常优美，胜过公园。校舍建筑黄墙红顶，隐藏在茂密绿树之中。年轻的学子在操场上奔跑，在草地上读书。斯坦福大学的是硅谷技术的源头，是世界科技创新的中心之一。大学的师生在实验室里创新科研，将科研成果源源不断地输送到硅谷的工厂里，变成了新颖的产品被销售到世界各地。笔者也喜欢到硅谷知名公司的门口转悠。虽然没有时间进入工厂参观，但是在高科技公司鳞次栉比的大街上穿行，依然能够感觉到硅谷生机勃勃的创业氛围。这里是半导体人才的摇篮，是高科技公司的苗圃。在当年肖克利在实验室举起半导体技术大旗、8个英才办仙童公司的时候，谁又能够预料到，他的举动竟然能够引导先进技术的走向、改变世界科技的版图。

这里顺便说一下当年美国和苏联在元器件技术上的不同选择和结果。20世纪50年代，苏联的半导体技术实力并不逊于美国。美苏前后造出了使用数千个电子管的通用计算器，也几乎同时发明了晶体管。最初两国无论是经济实力，还是科研水准都不相上下。当时电子元器件存在电子管和晶体管两大技术路线，最终影响技术选择的是国家经济体

※ 2012年深圳中小企业促进会组团到旧金山参加太阳能展会。摄影　段亚兵

制。苏联的科技研发始终要靠国家力量推动，而美国的科研则是在市场经济中自由生长，就像仙童半导体公司走的路子。电子管和晶体管技术的不同选择，造成美苏两个国家在半导体技术发展上的巨大差距，最终影响了国运。苏联在半导体技术选择上之所以出现失误，当然有国家科技产业部门领导人的决策错误问题，而实行僵化的计划经济体制，中小企业缺乏在市场上自主经营的选择权，恐怕也是重要的原因之一。

二、德国扶持中小企业的政策

德国中小企业实力强

德国是欧洲的第一大经济体，是世界先进制造业大国。2018 年德国 GDP 达到了 4 万亿美元，位居世界第四、欧洲第一，占欧盟 GDP 的 1/5。世界经济论坛（WEF）公布的 2018 年全球竞争力报告中，德国人的创新能力、获新发明专利数量位居全球第一。德国在申报的专利数量、发表的科学论文数量，以及顾客对德国产品的满意程度等方面，名列世界前茅。德国在宏观经济参数的总体稳定性、通胀和债务动态的标准方面，都位居全球第一，特别是德国的电气化率已达到 100%，堪称全球典型。

德国企业一个突出的特点是中小企业数量多、质量好、技术精、实力强。据统计，德国约有 360 万家注册的中小企业，占德国企业总数的 99.7%；德国的总人口 8000 多万，有 2100 万人在中小企业工作，占德国总就业人数的 79.6%。德国是世界工业强国，德国企业在欧洲实力最强，德国制造业闻名全球。德国在汽车制造、机械制造、工业机器人、高端机床、化工等领域的制造水平领先世界。德国拥有奥迪、宝马、奔驰等世界三大豪华汽车品牌。

德国的中小企业提供了大量的就业机会，也撑起了德国制造业的大半边天，让“德国制造”的优秀产品畅销世界各国。德国拥有 2000 多个世界知名品牌。欧盟有关机构对欧洲各国的中小企业做过评估，评估结果显示，德国中小企业经济表现比其他欧盟成员国更加优秀。

德国扶持中小企业的政策体系

1. 政府成立专门机构

德国政府相关部门下设立了 200 多个中小企业局。例如，财政部、研技部设立了专门负责中小企业的部门；经济部设有中小企业秘书处和中小企业研究所等。这些机构负责制订中小企业发展计划、制定扶持中小企业的相关政策、培训职工、制定产品质量标准等。各州也有类似的管理机构，专门负责对中小企业的管理。甚至在驻欧盟和驻外使团中也设有中小企业促进机构，对在所在地设立的德国中小企业提供帮助。

德国还设有联邦卡特尔局和国家托拉斯局等。卡特尔局成立于 1958 年，主旨是“限大促小”，监督大企业是否利用自己的垄断地位，采取压价或提价等不正当手段打击限制中小企业，禁止大企业的合并和对中小企业的兼并（但是对于中小企业的联合则给予支持）。

2. 通过立法为中小企业创造公平竞争的市场环境

德国政府先后制定了《中小企业组织原则》《关于提高中小企业的新行动纲领》等法律。德国政府对中小企业的立法中有一个重要内容：防止中小企业在与大公司的竞争中处于不利地位，帮助中小企业发挥自己的优势。为此，特别制定《反对限制竞争法》《反垄断法》等法案。《反限制竞争法》（GWB，一般称《卡特尔法》）颁布于 1957 年，是德国第一部反垄断法，也是德国政府制定的保证市场经济秩序的纲领性法规，其目的是保护中小企业的利益。

其他法律法规还有《关于保持稳定和经济增长法令》《产业部门和区域经济政策》等，规范了政府对中小企业的行为，提供了多种减税免税的办法；《中小企业结构政策的专项条例》《关于提高中小企业的行动计划》，确定从税收、经济和社会政策方面减轻中小企业的负担。各州也相继制定了中小企业促进法。

政府制定优惠的扶持政策

1. 为中小企业提供创业信贷融资服务

德国在二战中战败，城市被炸成废墟，大地满目疮痍，国家经济崩溃，民众生活极端困难。

德国政府利用当时盟军提供的国际资金，恢复国家经济。于 1948 年成立了“德国复兴信贷银行”（KFW），为重建需求提供资金；于 1950 年成立了德国平衡银行，后来这家银行逐渐演变为主要帮助创业的金融机构。

二战结束后，有 300 万人从南欧和中东流入德国，其中相当一部分人是工商界、企业界人士，他们想重新开业，但是苦于缺乏创业资金。为支持中小企业创业，银行采用一种被称为“金融鸡尾酒”（Financing Cocktail）的方式提供组合资金。具体有两种方式：一是 ERP（欧洲区域发展基金）项目，提供 200 万欧元以内的资金；二是 20 年长期贷款，最高金额为 100 万欧元。这两种贷款方式，都不收任何抵押品。优惠的信贷融资服务带来了中小企业兴旺发达的繁荣景象，对德国战后重建和重新崛起起到了至关重要的作用。

2. 政府补贴和政府采购

德国的补贴分为产业支持补贴、能源补贴、创新补贴等，有效地帮助中小企业降低生产成本，提高国际竞争力。例如，2020 年德国联邦提供了 78.98 亿欧元的产业支持补贴，占联邦补贴比重的 25.18%。

德国政府也实行了以政府采购帮助中小企业发展的政策。政府强调实行以创新为导向的采购政策，各联邦州将创新作为标准引入了采购指南。

3. 提供研发平台

德国政府实行了一种“知识创造和溢出体系—企业—政府”三位一体的创新体系平台。该平台由基础研究社会组织、应用型研究机构、高校等组成。其中最为有名的是弗劳恩霍夫协会。

弗劳恩霍夫协会（Fraunhofer Gesellschaft）总部设在慕尼黑，笔者多次去慕尼黑了解了关于该协会的一些事迹。该协会成立于1949年3月26日，已有70多年历史。该协会的名字来源于约瑟夫·冯·弗劳恩霍夫（Joseph von Fraunhofer，1787—1826），他是德国的科学家、发明家和企业家。该协会是工业4.0最早的知觉者之一，西门子安贝格工厂智能生产线上的许多技术与该协会的研究有关。笔者在《德国文明与工业4.0》书中写了这个故事。

弗劳恩霍夫协会是德国也是欧洲最大的应用科学研究机构，在德国有69个研究机构，拥有24500名员工（多数为科学家和工程师）。弗劳恩霍夫协会及研究机构着重于应用技术的研究，有大量的发明专利，例如MP3音乐格式、白光LED、高清晰度的热成像摄像机等。2016年，在汤森路透公司发布的全球最具创新力政府研究机构25强榜单中，法国原子能与可替代能源委员会、德国弗劳恩霍夫协会和日本科学技术振兴机构名列前三。在这里可以与中国的同类机构做一个对比：中国有两个政府研究机构进入25强，其中大陆的中国科学院名列第16位，台湾的“中央研究院”名列第22位。弗劳恩霍夫协会与中国科学院等有关机构的合作已超过25年，1999年该协会在北京设立了弗劳恩霍夫北京代表处。

弗劳恩霍夫协会的宗旨是为中小企业提供技术创新与商业经营的解决方案，帮助企业将基础性研究转化为具有商业价值的制造业技术。政府每年为该协会提供 2/3 的经费支持。由于中小企业实力弱小，无法支持一个庞大研究机构的技术人才、研发设备和经费开支，政府通过三位一体的创新体制平台，直接为中小企业提供综合性服务，从而有效地降低了单个中小企业的技术研发、产业改造和升级的成本，推动中小企业迅速成长。

有特殊针对性的政策

1. 中小企业创新集中（ZIM）计划

该计划于 2008 年 7 月开始实施，由联邦经济与技术部（后改名为联邦经济与能源部）负责。这是一项覆盖全国范围，不限于特定技术领域和行业的促进计划，凡是被纳入该计划的项目都可以得到联邦政府财政的支持。其中对企业资助的金额最高 38 万欧元，对与中小企业合作的研究机构资助的金额最高 19 万欧元。

2. 中小企业创新计划

该计划提出于 2007 年，由联邦教育与研究部负责实施。资助对象是对德国未来发展至关重要的前沿技术领域(例如生物技术、纳米技术、医疗技术等）进行研究的中小企业。

3. 促进新联邦州中小企业创新（INNO-WATT）项目

该项目是针对德国新联邦州（包括柏林）经济实力弱、科技企业少的问题而专门制定的项目，由 EuroNorm 公司负责实施。补贴项目的金额最高为 37.5 万欧元。

4. 工业 4.0 战略

德国政府于 2013 年 4 月在汉诺威工业博览会上正式提出“工业 4.0”战略，旨在使工业生产实现设备智能、网络智能、决策智能等，以提高生产效率。为落实工业 4.0 战略，设立了跨部门的几个工作组，包括有标准化工作组、技术和研发小组、网络系统安全小组、法制框架小组、工作设计小组、数字商务模型小组等。

为加强中小企业对数字技术的应用，数字欧洲计划和相关基金在欧洲各地支持建立了 240 个数字创新中心（DIH），连接中小企业与高校、科研与培训机构，将中小企业纳入数字驱动生态系统。

德国有世界上最多的“百年老店”和行业“隐形冠军”

退休后笔者作为深圳市中小企业发展促进会的顾问，多次跟随促进会组织的深圳展团，到国外参加一些展会，其中去德国最多，原因是德国拥有许多世界一流的展会。德国展会中，汉诺威工业博览会和慕尼黑太阳能展最为出名。汉诺威工业博览会号称世界第一工业展。在新冠疫情发生前笔者连续去了 4 届（每年一届）。慕尼黑太阳能展被誉为世界太阳能展第一展，笔者也参加了几届。由于去德国次数比较多，对德国熟悉了，笔者写出了《德国文明与德国工业 4.0》一书。

德国给笔者印象最深是这个国家产生了很多思想界巨人（例如，康德、黑格尔、费尔巴哈、马克思、尼采、海德格尔、弗洛伊德、叔本华、莱布尼茨、雅斯贝尔斯等哲学大师），有认真严谨细致的工作作风和工匠精神，特别是中小企业中拥有许多“百年老店”和行业的“隐形冠军”等。笔者在书中写了一些关于这些企业的故事。

“百年老店”中笔者列举的例子是奔驰和宝马。奔驰公司成立于 1871 年，至今已有 150 多年的历史。奔驰汽车有三位创始人，第一位是卡尔·本茨，他于 1886 年发明了世界上的首辆汽车，因而被誉为“汽车之父”。第二位是戈特利布·戴姆勒，他于 1884 年与威廉·迈巴赫合作研发出一款单缸内燃发动机，是奔驰公司创始人之一。第三位是威廉·迈巴赫，他创造了梅赛德斯—奔驰和迈巴赫两个品牌，被誉为汽车界的“设计之王”。

相比奔驰，宝马公司算是“小字辈”。公司成立于1916年，也是百年老店。公司最初是军工企业，产品是飞机发动机。一战中，安装了宝马发动机的德国战机令人生畏。德国战败后被限制发展军工企业，走投无路的宝马公司只能转而生产摩托车。1923年宝马推出了第一款摩托车。1928年生产出了第一款汽车。如今，以奔驰和宝马为代表的德系汽车占领了中国很大的市场。

笔者在书中还讲了其他几个德国名牌产品的故事。德国“双立人”（ZWILLING）公司创立于1731年，至今已经有近300年的历史，公司生产的菜刀轻便称手，刀口锋利，十分耐用。“菲仕乐”（Fissler）公司成立于1845年，是家百年老店，生产的铁锅烧出的菜味道很好，而且据说一口锅能用上百年。“牛魔王”旅行箱非常好用。“牛魔王”是中国导游的叫法，实际品牌名字叫RIMOWA。这也是成立于1898年的一家百年老店。

德国中小企业中百年老店、隐形冠军众多。所谓“百年老店”就是存在了百年以上的企业，这个容易理解；而所谓“隐形冠军”指的是那些不为行业外人所知的企业（当然在行业内肯定是大名鼎鼎）。这个名字是由德国著名管理思想家赫尔曼·西蒙提出的。他写了一本名为《隐形冠军》的书，提出了“隐形冠军”的3个标准条件：（1）世界前三强的公司或者某一大陆上名列第一的公司；（2）年收入低于50亿欧元；（3）不为外界所知。

德国中小企业“隐形冠军”年收入不高于50亿欧元收入，仅为当年世界500强公司最低年收入250亿美元的约1/5。特别要指出的是，“隐形冠军”们并不过分追求太快的发展速度，而是有意识地控制规模，更注重长远平稳的发展目标。“隐形冠军”企业不事张扬，只是默默地耕耘，暗暗地发展。

赫尔曼·西蒙收集了全世界3000家“隐形冠军”公司的数据。按照国别来看，德国（包括说德语的国家）是拥有“隐形冠军”数量最多的国家，拥有1307家；美国排在第二，有366家；接下来分别是日本、意大利和法国；中国排在第六位，拥有69家。从每百万居民拥有的“隐形冠军”数量来看，德国又是遥遥领先，每百万居民拥有16家。中国的数字很小，每百万居民仅拥有0.1个。“隐形冠军”企业拥有许多世界名牌产品。据统计，8000万人口的德国竟然有2300多个世界名牌，平均3.5万人拥有1个世界名牌，这太惊人了！如果按照同样的比例，14亿中国人就应该拥有4万个世界品牌，这是一个无法想象的数字。

德国中小企业发展得好，其中一个原因与企业家和职工们推崇工匠精神有关。德国人名中叫舒马赫、施耐德、施密特、穆勒、施泰因曼的比较多，这些姓氏在德语里的意思是制鞋匠、裁缝、铁匠、磨坊主、石匠等。从姓氏含义里可以看到德国的历史文化。从中世纪开始，德国人就出现了许多手艺人，在漫长的岁月里培育出了工匠精神。

工匠精神指的是一种追求极致的态度，在做好产品的过程中精雕细刻，精益求精，追求完美，打造出行业中最优质的产品。德国人能够成为世界上最好的工匠，不光因为手巧，也不仅因为舍得花功夫，更深层次地说，可能与德国人的精神境界有很大关系。德国是一个理性的民族，根据他们的哲学，做活就应当做到最好，制造产品就要做出质量最高的精品；工匠们将工作看成对上帝负责的“天职”，做好每一件产品表现的是对上帝的敬仰和负责的态度。

德国的中小企业有相当大部分是家族企业，历史悠久，百年老店比比皆是。他们祖辈从事一个行业，甚至专做一种产品，是“专精尖”的典范，因此能够成为许多行业中的“隐形冠军”。相比之下，中国中小企业的平均寿命仅有3年左右，而评上专精特新“小巨人”企业一般生

※ 2023 年，深圳中小企业发展促进会再次组织深圳中小企业参展团参加慕尼黑太阳能技术展。促进会供图

存年限在 16 年以上。如此看来，工信部组织开展的专精特新中小企业培育活动方向是对的，是促进我国中小企业延长寿命、提高质量、术业专攻、打造品牌的一个好抓手。

【企业故事】

库卡是工业机器人的领军者

近几年来，笔者跟随深圳参展企业数次参加号称世界工业第一大展的汉诺威工业博览会。汉诺威展览馆非常大，有 27 个展馆，举办工业展时所有的展馆全部开放。笔者喜欢在众多的展馆里走来走去、大饱眼福。世界各国拿出最好的工业产品参加盛会，能工巧匠们在展会的擂台上比赛，标新立异的展品琳琅满目，层出不穷的先进技术令人眼花缭乱，模样精致的工业产品令人心动不已。如果要挑选出最吸引人的产品，非库卡的机械手莫属。

库卡公司是德国一家百年老厂。1898 年成立于德国巴伐利亚州的奥格斯堡。公司的创始人为约翰·约瑟夫·凯勒和雅各布·科纳皮奇，他们最先建立的是一家生产照明乙炔的工厂。公司品牌名 KUKA 是 Keller und Knappich Augsburg 四个单词首个字母连成，其中第一个字母和第三个字母是两位作者的名字，第四个字母是奥格斯堡的地名。

库卡始终走在技术研发的道路上。1927 年公司生产出了第一辆大型垃圾车。1956 年制造出了第一台自动化焊接机，开始向大众汽车公司提供第一台多点焊接生产线。1973 年公司研发出了名为 Famulus 的第一台工业机器人（该名字的汉语含义为“助手”，意思十分贴切）。1996 年库卡成为欧洲市场焊接设备制造领导者。2007 年库卡生产的 Titan（“提坦”是希腊神话中的巨神）机器人是当时技术最先进的 6 轴工业机器人，其成绩被列入了吉尼斯纪录。如今的库卡进化成为一家掌握了先进技术的工业机器人制造商，在世界工业机器人领域，库卡与瑞士 ABB、日本发那科和安川电机并列为四强。

库卡机器人很能干，可用于物料搬运、加工、堆垛、点焊和弧焊等多种艰巨复杂的任务。库卡的用户广泛，汽车行业的用户尤其多，例如通用汽车、克莱斯勒、福特、保时捷、宝马、奥迪、奔驰、大众、法拉利、哈雷戴维森、一汽大众等，还有新加入的特斯拉汽车厂。马斯克在上海设厂眼光不错，聪明能干的中国工人，加上库卡的机器人生产线，使特斯拉上海工厂成为其全球工厂中生产效率最高、成本最低的生产厂。

汉诺威工业展会上处处都能看到库卡的产品。在大型机械展馆里，库卡的大型机械臂操动汽车举上放下、左右转动、轻松自如，就好像小孩子手拿着玩具汽车随便挥动一样；摆在柜台上的库卡小型机械臂，斟啤酒、倒咖啡，动作准确、一滴不洒，就像熟练的酒保一样。令人更加惊奇的是库卡牌的机械臂，出现在许许多多其他机械设备的展台上，怎么知道是库卡的品牌呢？因为其亮橙色的颜色和“KUKA”的标牌字样。

展场上看到的最有意思的场景是人与机器之间的乒乓球赛。一名年轻的乒乓球运动员在与库卡机器人打乒乓球。运动员是个高手，打出的球时而旋转飘忽，时而直线扣杀，然而对阵的机器人也不含糊，动作精准，接球准确，你来我往，双方打得不分上下。比分牌上机器人竟然得分更多，围观的观众们连连喝彩。

打乒乓球显示的是机器人眼光敏锐、动作精准；在另外一个场面能够看到机器臂的感触敏感、让人放心。虽然这个机械臂如人腿一样粗壮，却感知力强、灵巧无比。只见它的“指头尖”快速地冲向一个生鸡蛋，在接触到鸡蛋壳的刹那间戛然而止，鸡蛋没有破碎。操作员还把自己的手放在台面上进行演示，只见机械臂的尖头向他手背猛冲下来，将触未触之际就停止不动了，围观的观众们吓得尖叫声一片。如果机器失灵，这个人的手肯定会被戳穿一个洞。库卡机械臂的优异表现令人叹为观止。

没有人能够想到，百年老厂的库卡竟然与中国有不解之缘。1986 年库卡公司赠送给长春一汽厂一台工业机器人试用，这是中国汽车业应用的第一台工业机器人。2000 年库卡系统集团在上海成立了第一家全资子公司——库卡自动化设备（上海）有限公司。2022 年 11 月，广东美的集团发布公告，经过 7 年时间的努力，美的集团完成了收购 KUKA 全部 100% 的股权，收购的资金超过 400 亿元人民币。

美的集团收购库卡是为了通过学习、掌握库卡公司先进的管理、经营和技术，有利于美的集团向世界工业机器人的高端市场进军。而库卡之所以愿意被美的集团收购，是因为工业机器人最

※ 2024 年，深圳中小企业发展促进会第 6 次组织深圳中小企业参展汉诺威工博会。深圳展团是中国参展企业中最大的地方参展团队。促进会供图

※ 作者孙利在汉诺威工博会上留影。
摄影　段亚兵

大的市场在中国，未来可期、前途光明。这个事例让我们又一次看到了中国市场的魅力。市场是武林擂台，可以决胜出武林高手，提高企业的影响力；市场是练兵场，企业敢于在战场上驰骋，才能在新技术研发方面突飞猛进；市场是财富的倍增器，市场有多大，企业的钱包才有多鼓；市场是养育企业的沃土，企业只有在前景无限的市场里才有可能迅速成长壮大。

后　记

本书写作和出版，得益于很多人的鼓励和支持。

新书写作首先得到了深圳市中小企业局局长吕哲的鼓励。当他听说我们要写作深圳专精特新“小巨人”企业和企业家创业故事后，大加赞赏，并表示将全力支持。

深圳市中小企业发展促进会的同事们负责专精特新“小巨人”企业评选条件的宣讲和申报培训等工作。大家全身心投入这项工作，为企业申报做了力所能及的事，为深圳专精特新中小企业上榜数量节节攀升做出了一点贡献，为深圳中小企业赢得了荣誉，因此，很希望有一本书完整再现对深圳这些专精特新“小巨人”企业的采访记录。采访中小企业，是深圳市中小企业发展促进会工作的一部分，具体负责采访对接工作的是杨琴、王钊、陈丹红等人，李扬、张伟涛、谢正武等人陪同前往，他们鞍前马后，做了许多事务性工作。谭正成负责对企业专精特新“小巨人”申报工作进行业务培训，为写作本书提供了一些参考资料。对如何写好这本书，大家集思广益，出了很多好主意。

本书序篇主要概述培育专精特新中小企业作为国家战略的形成过程、工作要点、重要意义和深圳的做法，附录对美国和德国发展中小企业的做法做了归纳，全书主体部分是对深圳 21 家重要专精特新“小巨人”企业的采访记录，对企业创业过程和企业主营业务做了介绍。采访工作进展顺利，大多数被采访者热情接受采访，讲述创新和创业的故事，分享其中的艰辛和快乐。没有企业家的配合，本书的完成也是不可能的。书中企业家个人照片系接受采访者提供。

人民出版社的领导对这本书的立项、出版给予了热情的关心和指导。特别是辛广伟总编、陈鹏鸣副总编，对该书的写作提出了许多具体指导意见。杨美艳主任在编辑我的上一部著作《深圳科技创新密码》时，就对深圳的科技创新表示极大兴趣，她到深圳参加该书读书会活动时，听到我们将要写作深圳专精特新“小巨人”企业的科技创新故事后，予以热情鼓励，希望书中的创业故事给即将就业创业的大学生带来启发，也希望这些为国家为社会做出重大贡献的企业家能得到社会各界的尊重和保护。

深圳市委原常委、宣传部原部长王京生听到这本书的写作计划后给予热情鼓励。该书出版前有些章节曾在深圳市中小企业发展促进会网站上连载、征求意见。他看了其中多篇文章，提出了很好的修改建议。特别让我们感到惊喜的是，当我约请他为本书作序时他欣然答应。他的序言为我们这本小书增色多多。

上述帮助和支持本书写作和出版的人，是成书不可或缺的，在此表示衷心感谢。